ウブントゥ

自分も人も幸せにする「アフリカ流14の知恵」

EVERYDAY

LIVING BETTER TOGETHER, THE AFRICAN WAY

UBUNTU

MUNGI NGOMANE

ムンギ・エンゴマニ　長澤あかね 訳

EVERYDAY UBUNTU
by Mungi Ngomane

First published as Everyday Ubuntu by Transworld Publishers,
a part of the Penguin Random House group of companies
through Japan UNI Agency, Inc., Tokyo

私が誰よりも憧れている人に。
ママ、あなたは、世界と私にもたらされた贈り物です。

ウブントゥ CONTENTS

LESSON 14
「耳を傾けること」を学ぼう　239

序文——デズモンド・ツツ大主教

たいていの親は、自分がわが子に教えたことを、その子が次の世代に伝えているのを知ると、誇らしい気持ちになるでしょう。

その教訓を初めてわが子に教えたとき、あるいは、その行動がどれほど分別がなくて恥ずかしいものかを伝えたとき、わが子がどんな反応をしていたかを私たちは覚えています。行動を正されたり、「もっとよいふるまいをして、もっとよい人間になりなさい」と励まされたりしたときに、ふくれっ面をして腹を立てていたことを。

「でも、あの子が先に言ったんだよ」「でも、あっちが先におもちゃを取ったの！」と、反発したり言い訳したりしていたはずです。

ところが今、あなたの娘や息子は、まさにあのときの教訓をあなたの孫に教えています。これは、あなたが何十年も前に言ったこと——教え——が、無視されたわけでも忘れ去られたわけでもなかったことを証明しています。あなたの言葉はしっかりと理解され、今も家族を導き、しかもその知恵が今、次世代に授けられているのですから。

私たちは、自分も上の世代から受け取った知恵が次の世代に受け継がれているのを知ると、誇らしくなり、いくぶんホッとするものです。おそらくそれが、私たちが望むすべてだから。そう、私たちは、お互いを思いやり、お互いの人間性を尊重しながら、人としてどのように生きるべきなのか——それを、次世代にきちんと知ってもらいたいのです。

そういうわけで、親や祖父母である方々には、きっとおわかりいただけるでしょう。私が孫娘のムンギから、「この本を紹介してほしい」と頼まれて、どれほどうれしく思っているか。本書は、子どもたちやさらに大きなコミュニティに対する私の教えの軸となる、ある哲学について書かれたものです。

「ウブントゥ」とは、私のコミュニティにおいて、勇気と思いやりとつながりに満ちた人生を生きるための、何より基本的な概念です。この考え方を知らなかった頃のことを、私はもはや思い出せません。「ウブントゥのある人」として知られることが、人が手にする最高の栄誉の一つだ、と幼い頃から理解していました。私たちは毎日のように、家族、友人、知らない人たちとつき合う中で、どの人にも同じように「ウブントゥを示しなさい」と言われていました。私はよく「ウブントゥの理論と実践は、アフリカから世界への最高の贈り物の一つだ」と口にしています。残念ながら、世界の多くの人たちは、この贈り物のことをよく知りませんが。ウブントゥの教えは、ほぼすべてのアフリカの言語に見られる、次のことわざに一番よく表れています。「人は、ほかの人たちを通して人になる」。つまり、私たちがこの世で学び、経験するすべてのことは、他者との関わりを通してもたらされる、という意味です。だから私たちは、自分の行動や思考をしっかり見つめる必要があるのです。その行動と思考で自分が何を達成できるかだけでなく、自分と関わる人たちにどんな影響を及ぼすのかも、考えなくてはいけません。

このことわざやウブントゥの教えは、ほとんどの宗教の教えに見られる黄金律、「あなたが人にしてもらいたいことを、人にしてあげなさい！」とよく似ています。

ただし、ウブントゥのある人は、さらに一歩先を行っています。私たちが目を光らせなくてはならないのは、自分の行動だけではありません。世の中における自分のあり方にも、心を砕く必要があるのです。世の中でどのように暮らし、どのように話し、どのように歩むのか、その姿勢は、行動に負けないくらい私たちの人となりを表しています。ウブントゥのある人は、「触れ合うすべての人には、計り知れないほどの価値がある」と認め、心して世の中を歩いています。だから、これはふるまい方だけでなく「あり方」の話なのです！

『ウブントゥ——自分も人も幸せにする「アフリカ流14の知恵」』は、読者に考えるチャンスを与えるでしょう。どのようにウブントゥを実践すれば、世の中で人々の懸け橋になれるのか。そして、人との関わりの一つ一つをさらに好ましい環境づくりのチャンスに変えていけるのか。ムンギが紹介する物語に、私たちはみんな、さまざまな形で共感を覚えるでしょう。これらは、ウブントゥのある世界で生きるために、私たちに日々与えられているチャンスと試練の物語です。私たち一人一人が、来る日も来る日も多くのチャンスを与えられています。言葉や行動を通してなのか、何も言わない・何もしないことを通してなのかはわかりませんが、出会った人たちが思いやりや人間関係を味わえる場を提供できるチャンスを、与えられているのです。

私が大切に思う哲学を紹介する、孫娘が書いた本をみなさんにお勧めできることを誇らしく、幸せに感じています。本書があなたの目と頭と心を開かせ、「世の中でどうあるべきか」に目覚めさせてくれると信じています。よりよい、より思いやり深い世の中をつくるために。

神の最も豊かな恵みがありますように。

南アフリカ・ケープタウンにて

２０１９年５月

INTRODUCTION

あなたがいてくれるから、私がいる

I AM ONLY BECAUSE YOU ARE

「誰かをほめたたえたいとき、私たちは『Yhu, u nobuntu（ねえ、〇〇さんはウブントゥがあるね）』と言います。その人は寛大で、人を温かくもてなし、親切で、思いやりがあって、情け深い、という意味です」

――デズモンド・ツツ大主教

『No Future Without Forgiveness（未邦訳：許しのないところに未来はない）』より

ウブントゥは、私たちみんなが学べる生き方だ。そして、私のお気に入りの言葉でもある。実は、ウブントゥへの思いが深すぎて、右手首の内側にタトゥーを入れているくらいだ。私には、この小さな言葉に、とてつもなく大きな理念が組み込まれているように思える。アフリカ南部の哲学から生まれたこの言葉には、「どうすれば一緒によく生きられるのか」にまつわる、私たちの志《こころざし》のすべてが詰まっている。私たちがウブントゥを感じるのは、ほかの人たちとつながり、思いやりを分かち合うとき。深く耳を傾け、心の絆《きずな》を体験するとき。自分自身やほかの人たちを、ふさわしい尊厳を持って扱うときだ。

人々が社会みんなの利益のために一つになるとき、そこにはウブントゥが存在する。そして、今の混沌《こんとん》とした複雑な世の中では、ウブントゥの価値観がこれまで以上に重要になっている。なぜなら、それは「私たちが一つにまとまれば、お互いの違いも問題も乗り越えられる」と説いているからだ。私たちが誰で、どこに住み、どんな文化を持っていようと、ウブントゥは、仲よく平和に支え合って暮らす助けになってくれる。

私は、人生最初の教訓としてウブントゥを教えるようなコミュニティで育った。祖父のデズモンド・ツツ大主教はウブントゥのエッセンスを、こんな言葉で説明していた。「私が人であることは、あなたが人であることと絡み合い、切っても切れない形でつながっている」

私の家では、「ウブントゥのある人の人生は、お手本にする価値がある」と教え込まれた。この哲学のベースには、自分自身とほかの人たちへの尊敬がある。つまり、他人を、ひいては知らない人たちのことをも一個の人間として見ることができれば、相手を価値のない消耗品のように扱うことはできない、ということ。

複雑な社会で生きる人生は、試練と苦しみに満ちているから、ちまたには自己啓発本があふれている。そこには、「瞑想《めいそう》して、じっくり考えなさい」「自分の内側に答えを求めなさい。答えは自分の中にしかないのだから」と書かれている。「セルフケア」という考え方だけで、完結してしまっている。

たしかに、自分を見つめるべき時や場所はある。けれどウブントゥは、「答えを見つけたいなら、自分自身の外側にも目を向けなさい」と教えている。つまり、物事を広い視野から、別の角度からも見なさい、と教えているのだ。

ウブントゥとは、周りの人たちに手を差し伸べれば、相手を通して、自分が求めてやまない安らぎや満足感や一体感が得られる、という考え方だ。ウブントゥは、「ほかの人間がいなければ、個人も存在しない」と教えている。ウブントゥは、人種や信条や肌の色にかかわらず、すべての人を包み込み、それぞれの違いを受け入れ、ほめたたえている。

ウブントゥの概念は、ほぼすべてのバントゥー諸語（訳注：アフリカ中南部で話される、互いに共通性のある言語群）で見られる。ウブントゥの語源の一つは、「人々」を意味する「バントゥー」という言葉で、ウブントゥとは、コミュニティやつながりの大切さを示す言葉なのだ。ウブントゥの考え方は、コサ語（訳注：南アフリカ共和国の公用語の一つで、国民の18パーセントが話す）でもズールー語（訳注：南アフリカ共和国の公用語の一つで、国民に最も多く用いられる土着言語）でも、次のことわざに一番よく表れている。

「人は、ほかの人たちを通して人になる（umuntu, ngumuntu, ngabantu）」

このことわざは、南アフリカで話されるすべてのアフリカ語の中に存在している。「ウブントゥ」、もしくは、それと近縁の言葉は、多くのアフリカ諸国や文化の中に見られる。ルワンダやブルンジでは、「思いやり深い心」という意味だ。

ケニアの一部で見られる「ウトゥ」という概念は、「すべての行動は、コミュニティの利益のためにあるべきだ」という意味。

マラウイの「ウムントゥ」という言葉は、「あなた一人なら野生動物と変わらないが、2人以上ならコミュニティができる」という意味だ。

「あなたがいてくれるから、私がいる」という感覚が、地域に広く浸透しているのだ。

祖父は、1994年に南アフリカで初めての民主的な選挙が行われたあとに、南アフリカを表す「虹の国」という言葉をつくった。この言葉は、アパルトヘイトが崩壊したあとの文化の融合を象徴している。この本では、ウブントゥにまつわる14の教訓《レッスン》をご紹介していく。これは「虹の国」の憲法の章と同じ数だ。

ウブントゥは、祖父のライフワークを支える指針であり、私自身も英国の「ツツ財団」の後援者として、ウブントゥの教えを指針に日々生活することを目指している。私がこの哲学を紹介することで、ウブントゥがあなたの人生を豊かなものにしてくれますように。そう、私の人生を豊かにしてくれたように。

ウブントゥを知ることで、あなたが周りの人たちに――友達にも、知らない人たちにも――手を差し伸べることを祈っている。彼らが、あなたをつくってくれるのだから。

LESSON 1

相手の中に「自分自身」を見いだそう

SEE YOURSELF IN OTHER PEOPLE

「Sawubona《サウボナ》（私には、あなたが見えているよ）！」

——南アフリカのあいさつ

ほかの人たちの中に自分自身を見いだせたら、この世での経験は間違いなく、さらに豊かで、親切で、つながり合うものになるだろう。ほかの人たちを見て、そこに自分自身が映し出されているのを見れば、私たちは間違いなく、ほかの人たちを今より大切に扱うようになる。

――これがウブントゥだ。

ただし、ウブントゥを親切と混同してはいけない。親切は、私たちが人に示そうとするものだが、ウブントゥはもっとずっと深い。ウブントゥは、あなた自身をはじめ、すべての人が持つ内なる価値を認めるものだ。

ウブントゥは、アパルトヘイトと闘う人たちの指針になった。アパルトヘイト（人種隔離）とは、南アフリカで制度化されていた過酷な人種差別政策のことで、1994年まで黒人と白人は完全に別々の生活を強いられていた。反アパルトヘイト運動は、決して「反白人」の闘争ではなく、すべての南アフリカ人が平等に見られ、扱われるための闘いだった。たとえ逆境に見舞われ、迫害されても、ウブントゥを指針に毎日を過ごせば、対立を乗り越える最善の方法を、身をもって経験できる。これは、南アフリカから世界への贈り物だ。

私は、賢い人たちに囲まれて育ったことに感謝している。母のノントンビ・ナオミ・ツツは平和活動家で、男女同権論者《フェミニスト》で、講演家で、最近は聖職者に任命された。祖父母は反アパルトヘイト運動の最前線に立ち、祖父のデズモンド・ツツはその非暴力闘争が評価され、1984年にノーベル平和賞を受賞した。

家族の言葉や経験、笑いや信念に包まれて育ったことが、私自身の人生の旅を支えてくれている。彼らの生き方はおおむね、ウブントゥの精神を体現している。そう、ほかの人たちの役に立つことを、とても大事にしているのだ。

旅を分かち合おう

南アフリカでの反アパルトヘイトの闘いは、植民地の問題や、黒人やカラード（訳注：オランダ系白人とアフリカ人などの間に生まれた人々）やアジア系の南アフリカ人への弾圧に対する答えだった。何千人もが命を落とし、暴力が国を分裂させた結果、立ち直るのに長い年月がかかった。アパルトヘイトは1994年、南アフリカ初の民主的な選挙によって終わりを迎えたが、国は今日もなおアパルトヘイトの影響を克服しようともがいている。

1984年12月、祖父はノーベル平和賞の授賞式のためにノルウェーに向かった。聖職者として、祖父は非暴力的な手段で正義を見いだすことに全力を注ぎながら、アパルトヘイトの苦しみと不平等を世界に訴えた。アパルトヘイトがどれほど、すべての南アフリカ人に損害をもたらしているかを、あらゆる人に知ってもらいたかったのだ。

ノーベル委員会は受賞者に「オスロ大学での授賞式には、何人招いても構わない」と伝えていたので、祖父はこの申し出を真摯に受け止めた。家族や親戚、さらにはほかのゲストも大勢招くことにしたので、招待リストには少なくとも50人の名前が載った。世界中――南アフリカ、アメリカ、レソト王国、英国――から集まった友人たち。どの人も、祖父がずっと昔に知り合い、長年にわたって人生の旅を分かち合ってきた人たちだった。

あの晩は爆破予告があったので、人々は大学のホールから避難しなくてはならなかったが、最終的に安全が確認されて建物に戻ると、祖父はステージに上がった。立ち止まって観衆を見渡したとき、深い思いがこみ上げてきたという――この部屋にいるすべての人たちのおかげで、自分はノミネートされたのだ、と。あの瞬間、祖父ははっきりと理解した。

「私が人生で達成してきたすべてのことは、ほかの人たちとその助けのおかげだった」

その後、お祝いの時間になり、全員が――ノルウェー国王さえも――ホールに戻っていたが、ミュージシャンたちは爆破予告でパーティが遅れたせいで、もう帰ってしまっていた。すると、祖父が招いた南アフリカの人たちが歌を披露してくれて、みんなは改めて彼らの存在に感謝したのだった。

ウブントゥは教えてくれる。私たちが今あるのはひとえにほかの人たちのおかげだ、と。もちろん、この世に生まれたのは両親のおかげだけれど、そこから先は、何百――場合によっては何千――という大小さまざまな人との関わりが、人生について、よく生きるとはどういうことかを教えてくれた。親や保護者は、歩き方や話し方を教えてくれる。学校の先生は、読み書きを教えてくれる。人生の指導者《メンター》は、やりがいのある仕事を見つける手助けをしてくれるし、恋人は、よくも悪くも感情というものを教えてくれる。私たちは、すべての経験から学んでいる。人とのありとあらゆるやりとりが、私たちを今いる場所へと運んでくれたのだ。

　ところが欧米では、「自分の力で成功した」と主張するのは素晴らしいことだ、とも教えられる。自分の努力で富と名声をつかんだとされる人たちに拍手喝采し、「他人と関わらずに達成できることなど一つもない」という事実を進んで見落としてしまう。さらには、「競争は自己実現と進歩につながる」とも教わる。人と競い合うことで、意味のない比較をし、「私はいまいちだ」なんて疲れ果ててしまったとしても。

　自分の人生を誰かの人生と見比べて、「恵まれてないよね」と感じたことがどれくらいあるだろう？　すでにたくさん持っているのに、「もっとほしい！」と思うことは、どれくらいある？　もっと大きな家、もっとたくさんのお金、もっと多くの仕事、もっとたくさんのお休み……。

　不満の炎をあおるのに大きな役割を果たしているのが、ソーシャルメディアだ。フェイスブックやインスタグラムを見るたびに、念入りに作り込まれた窓から、他人の人生をのぞくことになる。めいっぱい魅力的に見えるよう、写真はたいてい撮り直され、加工されている。ちり一つない部屋で幸せそうに微笑《ほほえ》む家族、お祝いごと、真新しいキッチン、「転職しました！」「彼氏ができました！」などというお知らせ……。

友達の幸せを祝うのは素晴らしいことだけど、私たちの多くは、自分よりリッチで、楽しくて、輝かしい人生を送っているように見える何百人――時には何千人――もの知らない人たちをフォローしている。彼らのことは個人的には知らないが、彼らは私たちが買いたくなるものや、私たちの気分や願望に影響を及ぼしている。その根底にあるのは、「影響力を持つ人《インフルエンサー》」は普通の人より優れている、という考え方だ。

ウブントゥは、それとは正反対のことを教えてくれる。「この世のすべての人には、等しく価値がある。一番大事なのは思いやりだから」と。自分を誰かと比べるのではなく、ほかの人たちが自分の日常生活をよくしてくれていることに目を向けるべきだ。インフルエンサーの中には、よい影響を及ぼしてくれる人たちもいる。私はもうソーシャルメディアを使っていないので、インフルエンサーとはほぼつながっていないが、今も――ポッドキャストを通して――つながっている人たちは、お金を稼ぐことよりリスナーによいコンテンツを提供することに心を注いでいる。心身の健康、人間関係やキャリアなどさまざまなテーマについて、メッセージやインタビューやアドバイスを提供してくれている。

あなたはあなたのままでいい

ウブントゥの考え方を受け入れると、「平等」に加えて「感謝」の色メガネをかけて、世の中を見るようになる。自分の考えや気持ちをまとめるときは、「むやみに他人の影響を受けないようにしよう」と思えるようになるが、その一方で、今の自分をつくってくれたすべての人に感謝できるようになる。自由に人生を探求させてくれた両親、旅に役立つ知恵をくれた先生やメンター、励ましてくれた友達、お金を貸してくれた家族……。自分が今いる場所に感謝できるのは、ウブントゥが「あなたはあなたのままでいい」と教えてくれるからだ。自分の人生を誰かの人生や、彼らが持っているもの・いないものと比べる必要はない。その代わり、ほかの人たちが自分の人生をよくしてくれていることに感謝することはできる。

人生にウブントゥがあれば、ほかの人たちを対等に見ることを選べる。自分が見てもらいたい目で、ほかの人たちを見ることができる。私たちはたいてい、人が世の中で果たしている役割だけを見て、その人のほかの部分には思いが及ばない。ウブントゥは、私たちがほかの誰かより、よくも悪くもないことを教えてくれる。どんな人も、思いやりを持って扱われる価値があるのだ。

私たちは、通りで物乞いをする人の目をじっと見つめて、批判するのではなく思いやることができる。「トイレ掃除が仕事だなんて」と見下すのではなく、きれいにしてくれたことに感謝できる。

ウブントゥが「人は自力で成功できる」という考え方に異議を唱えるのは、私たちがみんな、つながっているからだ。完全に孤立している人など一人もいないのだから、「自力で成功した個人」の神話にだまされてはいけない。英国の詩人、ジョン・ダンの言葉を借りれば、「人は孤島のようには生きられない」のだ。

ウブントゥと正反対なのは、「欲深さや利己主義や徹底的な個人主義が、人生の成功に必要なすべてをくれる」という考え方だ。私たちはよく耳にしている。「目標を達成するためには、何が何でも勝たなくてはならない」と。とくに職場は血も涙もない場所になりがちで、ダーウィンの唱えた「適者生存」という考え方が、今も当たり前になっている。

でも私は、身近な年長者がよくこう言うのを耳にしてきた。「他人にひどいことをする人たちは、『これくらいどうってことない』と思ってるかもしれないけど、よく見ていてごらん。ひどいことをした人は、いずれ痛い目に遭うから」と。

たとえば、アパルトヘイトのもとでは、人種隔離という政策は一見、南アフリカの白人に特権を与えているように見えた。彼らはしっかりとしたコミュニティに隔離されて暮らし、黒人よりも優れた教育や医療を手にしていた。けれども、その特権は、自由を相当に犠牲にして手にしたものだった。「黒人は怖い」と教えられていた頃、白人は権力という特権と引き換えに、多くの権利を手放していた。家の周りに高い壁を築き、ゲートやフェンスで囲まれた住宅地に閉じこもって、そこから出るのを怖がっていた。自分たちがつくった環境に閉じ込められ、囚人になっていたのだ。

どうすれば「みんな」の中に自分自身を見いだせる？

ウブントゥを、簡潔な英語に訳すのは難しいかもしれない。でも、ネルソン・マンデラが2006年、南アフリカ人ジャーナリスト、ティム・モディセのテレビ・インタビューで、そのエッセンスを説明していた*。

――「昔、私たちが若かった頃、旅人が長旅の途中で村によく立ち寄ったものです。そんなとき旅人は、食べ物や水をください、と求める必要はありませんでした。村に寄れば、人々が食べ物を与え、歓待したからです。

これもウブントゥの一面ですが、ウブントゥには実にさまざまな面があります。ウブントゥは、『自分のことに精を出すな』と言っているわけではありません。つまり、問われているのは、『あなたは、自分が暮らすコミュニティに力を与え、さらによいコミュニティにするために何をするつもりですか？』ということ。人生で大切なのはそういうことなのです。だから、それができたなら、あなたはとても大切なことを成し遂げたことになります」

こんなふうに簡単な言葉を使って、自分にとってウブントゥが何を意味しているのかを語ったのだ。

私たちはみんな、どこかに所属したいと思っている。人間は仲間（友人たち、愛する人たち、職場の同僚、運動仲間など）を持つものだけど、私たちはこれまで以上に、知らない人たちを含むすべての人と共に生き、働くことを学ぶ必要がある。

仲間以外の人たちとも関われば、心が満たされるだろう。周りの人たちを味方《アライ》だと思うことは（ally《アライ》の語源は、ラテン語のalligare〈結びつける〉だ）、みんなの役に立つだろう。ほかの人たちの中に自分自身を見いだすことは、世の中をよくする大きな力になるから。

今日のあなたをつくってくれた人たちについて、考えよう。

少し時間を取って、人生で自分を助けてくれたすべての人について、考えてみよう。そのリストには両親や友達が載るはずだけど、その輪をさらに広げてみてほしい。おそらく、意外と多くの人が載っているのではないだろうか？　週末の小旅行に行けるよう、車を修理してくれた整備士さん。朝のコーヒーを買うとき、ちょっぴり親切にしてくれたバリスタ。明らかに急いでいるあなたを見て、電車から一番に降りられるよう気遣ってくれた人。こうした一見何げないやりとりのおかげで、あなたは今日もスムーズに人生を送っている。彼らの行動は、あなたの1日に変化をもたらしている。あなたの行動が、ほかの人たちの1日に変化をもたらすように。

あなたが助けている人たちのことを考えよう。

2つ目のリストをつくろう。あなたにアドバイスを求めてくる友達。職場で仕事を手伝ってあげている同僚。毎日ごはんをつくるなど、世話を焼いて育てている子ども。悩みを打ち明ける相手を必要としている、大切な人。

人生がいかに「ギブ・アンド・テイク」かに気づこう。

あなたは、もらうことより与えることを楽しんでいるだろうか？　自分に自信が持てるようにしてくれた誰かのために、あなたは何をしてきただろう？

そして今日、あるいは明日、何ができるだろう？

知らない人たちと、意識してつながろう。

私たちの誰もが、いろんなことに気を取られ、気もそぞろになって、「やりたいことや、やらなくちゃいけないことをやる時間がない！」と感じているかもしれない。だから、買い物のときにお店の人に「ありがとう」と言う必要など感じないかもしれないし、電車の中で車掌さんが切符をチェックしている間は、スマホを見ているかもしれない。誰かが自分のためにドアを開けてくれたり、道を譲ってくれたりしても、気づかないこともあるだろう。だけど、出会ったすべての人に、しっかり目を向けるようにしよう。彼らとつながろう。にっこりしよう。目を輝かせて「ありがとう」と言おう。そのとき自分がどんな気持ちになるか、ほかの人たちとのやりとりがどんなよい変化をもたらしてくれるかに気づいてほしい。

誰かを批判していることに気づいて、それを感じ、静かに手放そう。

私たちはみんな、意識していようがいまいが、常に批判をしている。路上で暮らす人を見たら、「お金をあげたって、お酒を買うだけだ」と思うかもしれない。子どもがバスの中で叫んでいたら、「親は何をしているの？」と思うだろう。パーカーのフードをすっぽりかぶった若者が近づいてきたら、「何かたくらんでいたらどうしよう」と不安になって、さっと通りを渡って避けるだろう。

でも、誰かを批判すると、私たちは何も見えなくなって、自分でチャンスを狭めてしまう。批判は、何の役にも立たない。根拠のない物語をこしらえて、ほかの人たちに間違った役割を背負わせてしまうだけ。人を批判すると、思いやる力が働かなくなって、ますます孤立が深まるだろう。私たちはみんなそんなことをしているけれど、ウブントゥは「それは喜びをもたらさない」と教えてくれる。1日でいいから、批判せずに物事を見て、ネガティブな思いを静かに手放してみよう。

LESSON 2

強さは団結の中にある

STRENGTH LIES IN UNITY

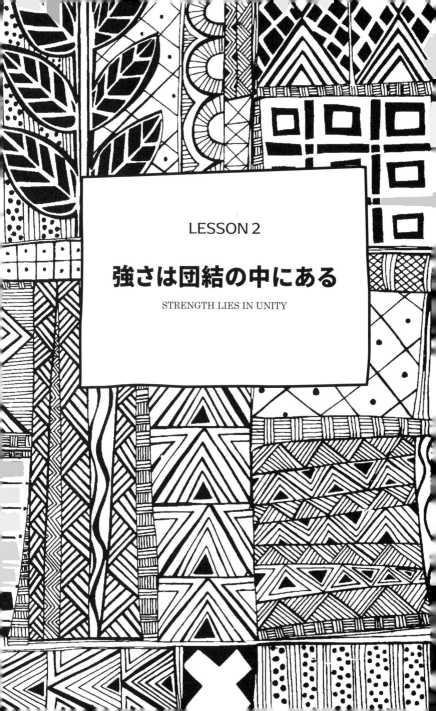

「速く行きたいなら、一人で行け。遠くまで行きたいなら、一緒に行け」

――アフリカのことわざ

「束ねた枝は折れない」

――タンザニア・ボンディ族のことわざ

ウブントゥは、「どんな人間も自分の力だけで成功できる」という考え方を認めていない。誰とも関わらずに生きられる人間など、一人もいないからだ。あなたがいてくれるから、私がいる。ただし、ウブントゥはさらに一歩踏み込んで、私たちが団結を選んだ場合に活かせる、とてつもなく大きな力に光を当てている。

「団結すれば立ち、分裂すれば倒れる」

この言葉は、はるか昔から団結を鼓舞《こぶ》するのに使われてきた。古代ギリシャ人も、アメリカ合衆国建国の父たちも、さらにはロンドンからケープタウンに至るまでさまざまな政治集会においてもだ。

それでも私たちは、集団としてどれほど大きなポテンシャルを持っているかを、簡単に忘れてしまう。時には無関心になったり、孤立したりして、「大事な目標に対して、私にできることなんかない」と考えたりする。でも、私たちはみんな発言力を持っている。そして、その声が最も大きくなるのは、ほかの人たちと一緒に声を上げたとき。数の力は、常に物を言うのだ。

「協力」こそ、アフリカの力

私たちは幼い頃から、個人として考えるよう教えられる。

「自分が何を成し遂げるかに心を注ぎなさい」

「自分のことを一番に考えなさい」

そして大人になって仕事を始めると、多くの人は、パーティションで仕切られたスペースで、パソコンを前に一人静かに過ごすか、誰かと会話をする暇も習慣もない職場で過ごすようになる。デジタル革命が、ほかの人と直接会って話をする能力をすっかり低下させ、私たちは生身の人間というより、ヴァーチャルな存在になってしまった。今や電話をかけることもなくなり、ただメッセージを送る。会議をする代わりに、メールを送るのだ。

人との触れ合いのないこうした暮らしは、アフリカ流の暮らし方とは正反対だ。アフリカでは、過酷な状況を生き抜くために、協力が欠かせない。隣人と一緒に土地のものを食べ、一緒に働いて生き延びるには、協力がカギになるからだ。

「一人の子どもを育てるには、村中の力が必要だ」

これは、アフリカのことわざだとされている。「団結したコミュニティが、強いコミュニティだ」という理解に基づく言葉だ。一人一人に価値があり、すべての人が力をくれるから、協力し合えば素晴らしいことが起こるのだ。

孤独はお金で埋まらない

私たちが人との絆を必要としていることは、はるか昔から変わっていない。人はもともと社会的な動物だからだ。でも、社会的交流の大切さが声高に叫ばれるあたりが、昔とは大きく違う。社会は往々にして社会経済的地位の高い人たちを重んじるから、私たちの多くも、お金や地位にまつわる目標を達成しようともがいている。ただし、複数の調査結果が示しているのは、「富＝幸せ」ではないこと。

カリフォルニア大学バークレー校の心理科学者、キャメロン・アンダーソンの調査によると、「満足感は、お金や地位ではなく、周りの人たちからの尊敬や称賛と結びついている」。実のところ、富がほかの人たちへのふるまいを悪化させる可能性もある！　カリフォルニア大学バークレー校の別の調査によると、サンフランシスコでは、車は交差点では歩行者のために止まらなくてはならないのに、高級車のドライバーは、ほかのドライバーの4倍、歩行者に道を譲らないことがわかった。*

心の健康に関して言えば、「団結が最大の力をくれる」とウブントゥは言う。（刑務所の独房に入れられることが、厳罰の一つに数えられるのは、そういう理由からだ）。

デジタル革命やソーシャルメディアのおかげで、以前よりつながりは増しているのに、多くの人がかつてないほど疎外感を覚え、孤独感が広がっているのは皮肉な話だ。団結するのは大事なことだが、画面を通して団結しても、昔ながらの人と人との交流の代わりにはならない。

アメリカのブリガムヤング大学の調査によると、孤独感は死亡リスクを26パーセントも高めるが、英国では900万人以上――人口の約7分の1――が「常に、あるいは、よく孤独を感じる」と答えている。*２０１８年には、英国の首相が新たに「孤独担当大臣」の職を設け、政策を整えてこの大問題に取り組むことを約束している。

マハトマ・ガンディーの「塩の行進」

団結は心の安定をくれるだけでなく、かなり不利な状況を覆して、大きな変化をもたらすことがある。

１９３０年、マハトマ・ガンディーは少数の支持者を集めて、英国による不当な弾圧で知られる「塩の行進」を行った。これは、英国の統治に対する非暴力の抗議だった。インドの人々にとって塩は料理に欠かせないのに、課税されるばかりか、塩の採取も販売も禁じられていたからだ。

24日間にわたって、ガンディーはグジャラート州の自らの僧院からアラビア海まで行進し、海から塩を採取した。道中、何十万人もの人々がこの活動に加わった。

ガンディーはひと粒の塩のようにたった一人で立ち上がったが、約390キロメートルの行進が終わる頃には、群衆が岩を成すように集まっていた。この行進は、指導者としてのガンディーの人気を高め、ほかの平和デモのきっかけにもなって、インドは最終的に植民地支配からの自由を勝ち取っていく。

1963年、アメリカの公民権運動家のマーティン・ルーサー・キング・ジュニアが、ワシントンDCのリンカーン記念堂の外で、25万人を超える群衆の前に現れた。この日の行進は、人種差別と不平等に対する非暴力の抗議であり、アフリカ系アメリカ人の平等な権利を求めるデモだった。群衆に求められ、キング牧師は自由と平等への夢を語った。「私には夢がある」という彼のスピーチは、史上最も偉大な演説の一つとされ、アメリカの公民権運動の転換点として広く知られている。その後間もなく、アメリカ政府は、それまで無視していた一つに団結した人々の声を聞かざるを得なくなった。

1989年、祖父はそれまでで最大とも言える反アパルトヘイトの行進を率いていた。3万人の人々が、ケープタウンの通りを行進した。アパルトヘイトに対する平和的な抗議はこれが初めてではなかったけれど、注目を集めたのは、南アフリカ人が大規模な集まりを禁じられていた緊急事態の最中《さなか》に行われたからだ。これがきっかけで、ヨハネスブルクやダーバンでもよく似た行進が行われた。

みんなのために、みんなで立ち上がる

コミュニティは、「同じ場所に住む、あるいは、共通の特性を持つ人々の集団」「ある姿勢や関心を共有している状況」などと定義される。ウブントゥは、人々がみんなの利益のために活用できる力を根底から支えている。

コミュニティ意識（連帯感）を持つために、近くに住む必要はない。よい目的のために使うなら、ソーシャルメディアは、多くの人に素晴らしい表現の場を提供してくれる。インターネットを使える人なら誰でも会話に参加できるし、自分自身や自分の意見を数秒のうちに全世界に発信できる。私たちは人類史上最も多くの人たちとつながり、最もすばやく情報を共有できる時代に生きているのだ。たとえば、何百万人もの人たちがインターネットに写真を投稿し、パリをはじめテロに見舞われた都市との連帯を表明してきた。

２０１７年、性的暴行やセクシャル・ハラスメントに抗議する「＃MeToo《ミー・トゥー》運動」が、ネットで急速に広まった。映画プロデューサー、ハーヴェイ・ワインスタインをめぐる疑惑が取り沙汰される最中《さなか》の出来事だった。

「＃BringBackOurGirls《ブリング・バック・アワ・ガールズ》（娘たちを返して）運動」によって、２０１４年にナイジェリア・

ボルノ州の学校から276人の女子生徒が誘拐された事件に注目が集まった。これは、テロリスト集団、ボコ・ハラムの犯行だった。

2013年にSNS上のハッシュタグとして始まった「#BlackLivesMatter《ブラック・ライヴズ・マター》（黒人の命を尊重しろ）運動」は、「黒人社会への暴力」に対する関心を高めた。この運動は、アメリカで黒人のティーンエイジャー、トレイヴォン・マーティンを射殺した自警団員のジョージ・ジマーマンが無罪放免となったときに生まれた。

どの運動も、大勢の人がハッシュタグをシェアしてくれたおかげもあって、世界中で大きな注目を集めた。ハッシュタグをシェアするのは数秒だが、驚くほど広い範囲に拡散できる。

心に傷を負っているとき、人は連帯感の中に安らぎを求める。おそらく、ウブントゥという言葉は知らなくても、安らぎをくれるウブントゥの精神を、私たちは求めている。ウブントゥが勧めるのは、周りの人たちに手を差し伸べ、素晴らしいすべてのものをほめたたえること。そして、仲間が苦しんでいるときには、抱きしめること。身も心も、ほかの人たちのそばに立つことで、力強いメッセージを送れる。「あなたが悲しんでいるから私も悲しい。あなたが苦しんでいるから私も苦しい」と。

何より大事なことは、そのメッセージが「私たちは一つだ」とはっきり告げていることだ。

　私たち地球の家族は、ここに団結して立っている。みんなでテロに立ち向かえば、テロを減らせるだろう。団結は、思い出させてくれる。世の中には悪い人たちよりも、はるかに大勢のよい人たちがいることを。

力を合わせて「運命」を変える

　２０１４年、オーストラリアで電車通勤していたある男性は、ホームで足を滑らせ、パース行きの列車とホームとの間に片足をはさまれてしまった。すると、たくさんの乗客が力を合わせ、彼を救った。みんなで一斉に車両を押して、狭い隙間に押し込まれていた足を見事に救ったのだ。乗客仲間が助けてくれたおかげで、何時間もかかるはずの救出作業は、ものの数分で終わった。

　みんなが同じ信念を持ったときの力は、肉体的にも精神的にも、みんなの人生を変える。

　英国コーンウォール州に住む22歳のカーリー・ウェバーは塀から落ちて首の骨を折り肩から下がまひしてしまった。一瞬にして、人生ががらりと変わってしまったのだ。大きな障がいを負い、「もうおしまいだ」と感じたという。

　家族は支えてくれたけれど、どうやって生きていけばいいのか、わからなくなってしまった。そんなとき、より大きなコミュニティ——カーリーが暮らす村の人たち——が集まって、みんなでお金を集めてくれた。おかげで、理学療法を受けられることになった。

村の人たちの誠意に感動したカーリーは、自分の内側から思いもしない力がわいてくるのに気がついた。そうして1年もたたないうちに、身体の一部がまた動くようになった。医師たちからは「無理だ」と言われていたのに。

カーリーが逆境をはねのけることができたのは、村の人たちが団結したおかげだった。村人の多くをカーリーは知らなかったのに、みんなが応援メッセージを送り、手を差し伸べてくれた。ウブントゥは、私たちの気持ちを明るくしてくれる。目の前の状況が、どんなに絶望的に見えても。

たとえ一人でも、変化をもたらせる。一歩踏み込んで、物語に影響を及ぼすことはできる。自分の意見を主張する覚悟を持てば、同じことをするよう、ほかの人たちの背中を押してあげられる。

祖父は、南アフリカで反アパルトヘイト運動が盛んだった頃、何度も群衆の中に足を踏み入れ、「冷静に」と訴えていた。ノーベル平和賞を受賞して1年ほどたった頃、祖父はヨハネスブルクで怒り狂った群衆のそばにいた。車が燃やされたり、黒人男性のグループが、アパルトヘイトに協力しているとうわさされる別の黒人男性の首に、無理やりタイヤをかけようとしたりしていた。「ネックレス」と呼ばれる、首にかけたタイヤに火をつける残酷な私刑を計画していたのだ。

祖父は身体を張って、それを止めた。「こんな団結のない内輪もめは、反アパルトヘイト闘争を台無しにしている」とみんなに語りかけると、奇跡的に聞き入れてくれたという。

声を上げると仲間が見つかる

何かが不当だったり不公平だったりして、「変える必要がある」とあなたが思うなら、おそらくほかの人たちも同じように感じている。思い切って声を上げると、孤立するどころか、「仲間がたくさんいる」と気づくことが多い。世の中は、同じことを求める人たちであふれているから。そう、公平で公正な社会を。健康に平和に暮らすチャンスを。家族を養える機会を。安心と豊かさを感じるチャンスを。どれもこれも、人が生きていく上で欠かせない基本的なニーズだ。

あなたが何かを信じていて、変化を起こしたいなら、秘訣は、あきらめないこと。無関心は民主主義をつぶし、連帯責任や人々の権利をむしばむ力を持っている。変化を起こしたくて陳情書に署名するなら、さらに一歩踏み込んで、「ほかにできることはないだろうか?」と考えてみてほしい。「これでおしまい。やるべきことはやったから」とつい思いたくなるけれど、いつだってもっとできることはある。どんなに大きなことでも、小さなことでも。

２０１６年6月に英国ヨークシャーの路上で殺害された下院議員、ジョー・コックスは言っていた。「私たちはバラバラどころか相当団結できていて、違いよりもはるかに多くの共通点を持っている」と。

ウブントゥは教えてくれる。力を合わせれば、世の中のための力になれる。そして、団結の価値を理解すれば、とてつもなく大きな力が生まれる。とくに、世の中をよりよい場所に変えたいなら。これがウブントゥだ。

世の中で、どんな変化を目にしたいかを考えよう。

人々が団結するのはたいてい、共通の目標があるときだ。理想の世界で、あなたはどんな変化を目にしたいのだろう？　それが安定した平和であれ、環境を守る行動であれ、あなたのコミュニティで今満たされていないニーズを満たすことであれ、「行動する」と約束してほしい。そのために活動している団体や、同じ志を持つ人たちのグループに参加しよう。新しいネットワークに加わって、大切なことに取り組もう。

どうすれば自分のコミュニティが見つかるのか？

みんながみんな、既存のコミュニティになじんでいるわけではない。多くの人は、隣の人のこともろくに知らない町や市に住んでいる。長時間働き、地元で社会的な活動をしていなければ、近所の人と顔を合わせる機会はほとんどないだろう。「居場所がない」という感覚は、家族関係が険悪だったり、友達をなくしたり、フリーランスで働いていたり、新しい仕事やパートナーのために引っ越したりで深まってしまうことも多いが、どんな人でも自分のコミュニティを再構築するためにできることはある。

では、いくつかアイデアを挙げよう。

1. 自分の求めているものがわからない場合は、自分と共通点のある地元のグループに参加することから始めよう。新米パパやママのためのベビーサークルでも、ヨガのレッスンでも、地元のフットサルチームでも構わない。思い切って飛び込んで、活動しながら自分のコミュニティを見つけよう。

2. 姿を現す覚悟を決めよう。疎外感を抱くと、メンタルの問題を抱えるまであっという間だ。だから、今日できることを明日に延ばさないこと。世の中には実にさまざまなコミュニティがあり、あなたの参加を待っているけど、むこうからドアをノックしにくることはない。自分から出かけて、見つけなくてはならないのだ。自分に合うグループかどうか確かめるために、何度かミーティングに参加してみる価値はある。

3. 時間は、あなたが差し出せる何より貴重な贈り物だ。人との絆は、時間を差し出し、経験を分かち合うことで生まれる。誰かにあなたの時間をあげれば、状況はさっと変わるだろう。新しい人たちに出会ったら、興味を示し、耳を傾け、質問をしよう。新しいグループを探しているなら、何千という慈善団体があなたの時間を求めて、定期的にアピールしている。よい目的のためにボランティア活動をすれば、同じ志を持つ人たちと出会えるだろう。

LESSON 3

「もし、この人だったら？」と考えよう

PUT YOURSELF IN THE SHOES OF OTHERS

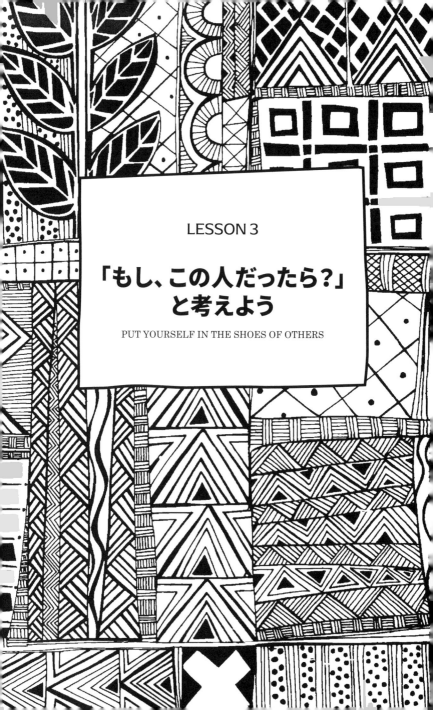

「ちょっとしたコツを学べればね、スカウト、ありとあらゆる人たちともっともっと仲よくなれるんだ。相手の立場で物を考えなければ、決して相手のことは理解できないよ。その人の身になって、その人の立場で歩き回ってみるまでは」

――アティカス・フィンチ

（ハーパー・リーの小説『アラバマ物語』の登場人物）

厄介な状況にあるとき、自分が誰よりも分別があって、何が「正しい」のかわかっている——そう思いたくない人間なんているだろうか？ みんな、自分がすべての答えを持ち、公平な態度で批判する人間だ、という感覚を楽しんでいる。

でもウブントゥは、「批判を手放し、思いやりと理解を受け入れよう」と説いている。独りよがりになりがちな心の声のボリュームを落とし、相手の立場に立って問いかけを始めよう。そうして初めて、ほかの誰かが考えていることや、感じていることを理解できるのだから。

たとえ賛同できなくても、相手側のことを考えよう

これは祖父母から私のママへ、ママから私へと伝えられたたくさんの教えの一つだ。母にとってそれは、世界で一番抑圧的な政権側で暮らす人々の立場に目を向けること、だった。つまり、たとえ自分が猛烈に反対している生き方でも、相手の視点で人生を理解しようと努めた、ということ。

ヨハネスブルクのソウェト（訳注：ヨハネスブルク南西部の、アパルトヘイト時代には黒人居住区だった地域）で、母は黒人への弾圧をじかに味わっていた。黒人の貧しい居住地区と、白

人が住む豊かな地域を比べていた。黒人の子どもたちが粗末な教育を受け、南アフリカの資源《リソース》にほとんど、いやまったく触れられず、白人の子どもたちが持つ権利を何一つ認められていないことを、身をもって体験していた。

それでも、白人を非難するのではなく、ママは自分に問いかけた。「私が白人でも、アパルトヘイトに立ち向かうだろうか？」と。

白人の特権をありのまま――不公平で非人道的なまま――に見つめ、ママは理解した。常日頃から「白人至上主義」を植えつけられたら、きっと当たり前のこととしてあっさり受け入れてしまうだろう、と。人種的・社会的・経済的・性別的な特権を持つほとんどの人は、それを当然の権利として受け入れている。ずっとそう教わってきたし、それしか知らないからだ。

同じ状況に置かれたら、ほとんどの人が特権を手放したり、疑問を抱いたりしたがらないだろう。理由はひとえに、なんの得にもならないからだ。ママは理解した。私たちは「自分が得をしていても、それが不公平なら、自分は正義のために戦う人間だ」と考えたがるけれど、大多数の人はそんなに勇敢ではない。

自分が恩恵を被っていれば現状維持をよしとするのが、人間というものだ。中には善悪をわきまえて、「正しいことをしよう」と努める人もいるのだろうが。

こんなふうに考えたことで、ママは人生を違った視点で見るようになった。つまり、白人を必ずしも悪人だとは思わなくなったのだ。ママにとって彼らは、特権という果実をほおばる、ごく普通の人たちに変わった。彼らは、その特権がどこから生まれ、ほかの人たちにどんな影響を及ぼしているのか、改めて考えてみるのを嫌がっていた。

私たちは生涯を通じて、親から数えきれないほど多くの教訓を学ぶ。私の場合、その一つが、ママから教わった「慌てて結論を出してはいけない」である。

誰かにイヤなことや傷つくことをされたら、自分にまず問いかけなくてはいけない。ママによると、一番重要な問いはいつだって「同じ状況に置かれたら、自分ならどうする?」だから。

問いかける時間を取ろう

大学生の頃、私はシドニーに留学して、一軒家で学生同士、男女ごたまぜの共同生活をしていた。

ある日、南アフリカの友達が遊びにきた。そして、うちに泊まっている間に、彼女のジュエリーがなくなってしまう事件が起こった。私たちはすぐハウスメイトのある女の子を疑って、怒りと裏切られた気分で頭がいっぱいになった。

何でこんなことができるの? 友達だと思っていたのに。

すぐさま問いただすこともできたけど、母と話したことで、激しい思いも言葉もちょっぴり落ち着いた。母は「直接話す必要はあるけれど、落ち着いてからでないとダメよ」とアドバイスしてくれた。私は、出来事をその子の側から見る必要があったのだ。私たちはなかなかそういう時間を取らないし、このときの私も、慌てて話を進めるところだった。

ハウスメイトの女の子全員と、座って話し合ったあとのこと。私たちが疑っていた子が、「私が盗ったの」と認めた。

でも、話はここで終わらなかった。彼女はさらに、「自分の衝動が抑えられない症状や過食症に苦しんでいる」と告白したのだ。その子は、誰にも気づかれずに苦しんでいた。その上、家族と離れていることで、心の状態が悪化していた。

母はおしゃべりの中で、私のお気に入りの言葉も思い出させてくれた。それは、スコットランドの神学者、イアン・マクラーレンの「親切にしなさい。あなたが出会う人たちはみんな、過酷な戦いをしているのだから」というもの。

誰もが人知れず、何らかの苦労を抱えている。私たちが親しいつもりの人たちでさえも。日々の生活の中で、苦しみを隠し続けることはできるけれど、周りの人が気づかなければ、誰も手を差し伸べられない。私たちは家族を守りたくて、お金や仕事の悩みを隠し、「いつも愚痴ってばかり」と思われたくなくて、悩み事を友達にも内緒にしている。でも、それでは、ウブントゥという贈り物で助け合えなくなってしまう。

親切にし、慎重に話を進めることで、私たちは、すでに苦しんでいる人をさらに傷つけずにすんだ。

共通点のない人と話そう

誰かの身になって考えれば、その人の視点で物事を見ることはできるけれど、それほどたやすいことではない。

その人と何の共通点もなかったら？　相手の行動でひどく傷ついていたら？　「出来事を相手の側から見ようとする」ことすら、難しいかもしれない。

けれど、そう努めることで得られるものは、いつだって想像以上だ。祖父はかつて言った。「平和を手に入れたいなら、友達と話すのではなく、敵と話をしなさい」と。

自分と反対の意見を持つ人たちと話すこと――それは、２００７年に英国に「ツツ財団」ができたとき、財団が人々に勧めたことだ。「変化のための会話」というプログラムを通して、うまくいっていない地域グループ同士が話し合うようサポートしたのだ。ここで力を入れたのは、同じ地域に住みながら別のコミュニティに属するグループ同士の対話を生み出し、正反対の立場の人たちを一つにすることだった。

ツツ財団の価値観は、ウブントゥに基づいている。財団の使命は、平和と尊敬と理解と人間同士のつながりをはぐくむこと。とくに「ウブントゥ青少年《ユース》プロジェクト」は成功をおさめ、長年にわたって、警察と、社会に不満を持つ若者との関係の改善に役立っている。

私たちが「ウブントゥ円卓会議」と呼んでいるイベントやその舞台裏では、素晴らしいことがたくさん起こっている。多くのティーンエイジャーが、生まれて初めて、ウブントゥの意味を教わるのだ。そして、ワークショップで、この哲学の背景にある考え方を議論する場を与えられ、ほかの人たちの物の見方をよく考えるようアドバイスされる。これもおそらく、生まれて初めての経験だろう。

ほかの人が何を考えているのか、よく考えよう

以前あるプログラムに参加してくれたティーンエイジャーが、ある朝、首に大きな絆創膏《ばんそうこう》を貼ってひょっこり顔を出した。若者の支援を担当するスタッフが「どうしたの？」と尋ねると、なんと住んでいる団地で、別の10代の若者に刺されたという。何の理由もなく襲われて、何針か縫わなくてはいけなかった。

「怒って仕返しを考えているかも」と心配したスタッフが、「大丈夫？」と尋ねた。

すると、「ああ、ぼくは大丈夫」と少年は言った。「傷ついたけど、恨まないことにしたよ。あの日、あの子に何があったのか、ぼくにはわからないから。ぼくが知らないいろん

なことを抱えていたのかもしれない。だからたぶんあの朝、爆発しちゃったんだよ」

彼の反応にびっくりしたのは、あなた一人ではない。この少年は、相手が自分を狙って刺したわけではない、とわかっていて、団地での暮らしがどれほど大変なものかもよく理解していた。彼は、相手の身になって考えるという選択をしたのだ。これがウブントゥだ。

ほかの人の身になって考える、というのは意識して行う選択だ。誰かの言葉や行動が理解できないなら、その人の人生に何が起こっているのか想像してみよう。

何が原因で、こんなふうにふるまうのだろう？　どこに住んでいるのだろう？　誰と暮らしているのだろう？　どんな生活環境なのだろう？

その行動が、人生に満足している人のものか、苦労している人のものか、考えてみてほしい。

ほかの人を傷つけるような行動はたいてい、個人を狙った攻撃ではない。往々にして、自分の育ちや、ずっと昔の、子どもの頃の出来事や経験に反応しているのだ。ほんの少しでいいから時間を取って、相手がなぜ、どのようにその選択に至ったのかを考えてみよう。そうしたら、「敵」に対する感じ方ががらりと変わり始めるだろう。

こんな言葉を目にしたことがある。「4＋8は12だけれど、6＋6でもおんなじだ」誰かの物の見方はあなたの見方とは違うかもしれないが、だからといって、相手が間違っているわけではない。私たちは、違う形で同じ結論に至ることもあれば、違う結論を導くこともある（どちらがよいとか、悪いとかではない！）。みんな一人一人、違っているのだから。

敵の立場になって考えてみよう

１９９４年４月、祖父はアパルトヘイトが崩壊したあと、ようやく生まれて初めて、南アフリカ初の自由で公正な選挙を経験できた。62歳のときである。

ネルソン・マンデラが圧勝して政権の座に就くのを見届けた祖父は、頑張ってきたご褒美に引退を計画していた。けれど、人生は別のプランを用意していた。「真実和解委員会（ＴＲＣ）」の委員長に選ばれたのだ。

ＴＲＣは基本的に、裁判所のような修復的司法（訳注：犯罪被害をめぐって、加害者・被害者・コミュニティが話し合うことで、被害者の救済、加害者の更生、コミュニティの関係修復を目指すプロセス）を行った。それがアパルトヘイトの傷を癒やして国を前進させる、最善の方法だと思われたからだ。

新しい南アフリカのリーダーたちは、第二次世界大戦後に行われたニュルンベルク裁判（訳注：ナチスドイツの戦争犯罪人に対して連合国が行った国際軍事裁判）の例に倣うこともできた。

でも彼らは、ニュルンベルクをはじめとした裁判で、投獄や死刑判決がどれほど新たな迫害の連鎖と、報復や復讐《ふくしゅう》を求める声を生み出したかを知っていた。これらの裁判は、ナチスドイツで人道に反する罪を犯した人たちを世界にさらした。加害者は裁判にかけられ、ドイツ国内やドイツが戦ったり併合したりした国々での残虐行為で果たした役割によって、懲役刑——場合によっては死刑——を宣告された。

南アフリカの多くの人たちは言った。「アパルトヘイトの残虐行為のひどさを思えば、ニュルンベルク式の裁判をするしかないだろう」と。

しかし、南アフリカのリーダーたちは、アフリカの文化を大切にして、次のように心を決めた。「TRCを通して、紛争終結後の国家を再建する、新たな方法を世界に示すチャンスだ」

その方法とは、南アフリカの当事者全員に自らの経験を語る機会を与える、というものだった。南アフリカ人が、アパルトヘイトの全貌を知ることができるように。アパルトヘイトを支持した側も、それを崩壊させようとした側も、どんな残虐行為を行ったのかを、国全体で証言する必要があったのだ。これは膿《うみ》を出し切って、南アフリカを修復する画期的な試みだった。

祖父はこの考え方を100パーセント支持した。人々がもう一度「一つ」になるには、共通の歴史を分かち合う必要がある、と考えたからだ。それは、反対側にいる人たちの経験を自分も経験して初めてできることだ。つまり、相手の考えに耳を傾ける、相手の信念や意見を理解する、さらには相手の動機に共感する必要すらあるかもしれない。

アパルトヘイト時代の犯罪の加害者たちが招かれ、証拠をすべて開示したのち、その犯罪が「政治的な動機に基づくもの」と判断されれば、TRCが恩赦を与えることが認められた。そうして、痛ましい事件の一つ一つが、テレビで放映されていった。その一つが「エイミー・ビール事件」だった。

エイミーはアメリカの白人で、フルブライト奨学金で学ぶ大学生。反アパルトヘイト運動を支持していた。ところが1993年8月のある日、車から引っ張り出され、暴徒に刺され、投石されて亡くなった。4人の黒人男性が殺人で有罪となって、刑務所に送られた。でもその後、TRCによって彼らは恩赦で釈放されている。彼らの行動が政治的な動機によるものだった、と判断されたからだ。

この決定を、エイミーの家族も支持した。多くの人にとって、わが子を殺されたことを親が許すなんて考えられないことだけど、ビール家の人たちはその許しをさらに一歩、大きく進めた。娘を殺した犯人たちの家族と会って、一緒に地域団体をつくり、彼らが育ったコミュニティに経済的な投資をしたのだ。

どうしてそんなことをしたのだろう？

ビール家の人たちは、娘を殺した人たちの身になって考える、という選択をしたのだ。

彼らは若者たちの話に耳を傾け、貧しくて暴力的な成育環境だったと知った。そして、若者たちが政治集会からどんな思いで戻ってきたときに、3人の黒人の友達を車で送ろうとしていたエイミーを見つけたのかも聞いた。彼らにとって、エイミーは迫害者である白人を象徴していて、血の通った一個の人間ではなかったのだ。黒人は長い間、二流市民として扱われ、人間扱いされていなかったので、他人をそう扱うことにも抵抗がなくなっていた。

その状況を深く理解したことで、エイミーの両親は若者たちを許し、さらには暴力に反対する「エイミー・ビール財団」という非営利団体を立ち上げた。2015年、エイミーの母親のリンダ・ビールは、アメリカのウィッティア大学で行われた「修復的司法」についての議論に、娘を殺した若者の一人とともに参加して、こう言った。「今は理解しています。エイミーの死は、殺した人たちの責任ではなかったと」

真実和解委員会は人々に許すことを勧めたけれど、決して押しつけはしなかった。押しつけることなどできないからだ。許しが生まれるのは、ほかの誰かの身になって考えることを自ら選んだときだけだから。

あなたも誰かと対立しているなら、同じことをしてみてほしい。ウブントゥは教えてくれる。反対側にいる人たちへの思いやりと共感は、よい結果しかもたらさない、と。

「今、同じ立場に置かれたら、自分も同じことをするかもしれない」と気づくことすらあるだろう。

立場を置き換えてみよう――相手の身になって本気で想像してみる。

誰かと対立したり、誰かを批判したりしている自分に気づいたら、少し時間を取って相手の言い分と向き合ってみよう。目を閉じて、この状況を相手がどう感じているか、思い描いてみるのだ。どんな出来事が積み重なって、(たとえどんなに見当違いでも)今の考え方になり、(たとえどんなにひどいものでも)今の態度になったのだろう? その人は、どうして慌てて結論を出すのだろう? 相手と同じような態度を取る自分を、想像できるだろうか? ――こんなふうに想像してみるだけでも、効果的なエクササイズになる。

自分が取っている立場をよく考えてみよう。

「でもね、これについては私が正しいの!」と考えるのをやめてみよう。たとえ自分の考えが100パーセント正しくて、疑う余地すらない、と感じていたとしても。常に成長の余地はあるから。AA(匿名断酒会)の「12ステップのプログラム」では、ステップ10で、参加者に「1日の振り返り」を勧めている。責任感を高め、ほかの人の立場から物事を見ることができるように。そうすれば、私たちの人生には平和がもたらされる。憤りは、心を不安定にするばかりだ。

このステップは、次のように勧めている。

1. 状況を正直に見つめよう。反対の立場からも見てみること。
2. 自分が間違っていたら認めて、許すべきときは許そう。
3. 自分に答えづらい問いかけをして、正直に答える覚悟をしよう。状況に腹を立てすぎて、判断力が鈍っていないだろうか？　人から「正しい」と思われることにこだわりすぎていないだろうか？　そして、それはなぜなのだろう？　相手の考え方が自分と違っていることを受け入れたら、自分の意見への感じ方も変わるのではないだろうか？

相手の意見を声に出して言ってみよう。

子どもの頃、弟と口げんかをしていると、母に必ず言われた。「あの子が言おうとしていることを――あなたの言葉で――言ってごらん」と。けんか相手の主張を言葉にするのは、効果的なトレーニングになる。たいてい、相手が言わんとしていることをうまくつかめていないはずだ。自分がこしらえた物語に、どっぷりはまり込んでいるから。相手の意見を声に出して言ってみよう。相手の言い分に目を向けるよう、第三者を説得するときみたいに。これは、謙虚な気持ちになれるエクササイズだ。

LESSON 4

視野を広げよう

CHOOSE TO SEE THE WIDER PERSPECTIVE

「終わりが知りたければ、始まりに目を向けなさい」

――アフリカのことわざ

「音楽が変われば、ダンスも変わる」

――アフリカのことわざ

「視野を広げて、さまざまな角度から人生を見る」という選択は、誰かの身になって考えるより、さらに難しいかもしれない。それは、相手の視点で人生を理解する以上のことだから。ウブントゥは教えてくれる。私たちは積極的に、あらゆる視点から、あらゆる角度から世の中を見るべきなのだ。そうして初めて、状況をしっかりと理解できるから。

想像してみよう。あなたは宇宙飛行士で、ようやく宇宙の目的地に到着した。そこで、静寂に満ちた今この瞬間に、ほんの数分間でいいから地球を見下ろしてみよう。当然ながら、はかない球体が青い大理石のように、何もない空間を漂っている現実を見たら、人生が変わるだろう。国境も、戦争も、紛争も、環境問題も、何もかもが取るに足りないことに変わる。あなたは今、地球全体を見ているからだ。地球は驚くほど小さくて、ひとりぼっちだ。

この視点に立った宇宙飛行士の多くは、「地球を守りたい」というとてつもない衝動に駆られる。そして、おそらく生まれて初めて、生命の尊さを心の底から理解する。生命も、私たちが住む地球も、はかないものだからだ。でも私たちは日々の生活に夢中で、そのことを忘れている。学校や仕事や家庭生活のプレッシャーや、現代生活の忙しさにかまけて。この宇宙飛行士の人生を変える、目を見張るほどの効果には、名前がつけられている。そう、「概観効果《オーバービュー・エフェクト》」として、よく知られている。

地球で暮らす私たちも、宇宙探検家のように「『概観』を持とう」と決められる。「どんな状況も、俯瞰的に見る」と決めるのだ。

視点を変えられないとしたら、変える努力を拒んでいるか、ある結果に固執しているせいだ。視野を広げれば、自分たちの物語だけでなく、逆の立場の人たちが見ている物語も、目に入ってくるだろう。出来事のあるバージョンだけを信じ、状況を一つの視点で見ることにこだわっていたら、わずかな変化すら遂げられない。その変化が、ほしいものを手に入れたり、逆の物語を信じる人たちを思いやったりするのに、必要な場面でも。

何もうそを真実のように扱え、と言っているのではない。ただ、なぜそのうそが生まれたのかを知ることが求められている。どんな状況においても、360度の視野を持って初めて、思いやりのある正しい判断や行動ができるのだ。

俯瞰的に見る力があるから、マンデラのような優れたリーダーは、敵と交渉のテーブルに着き、敵にも言い分があることを理解できる。まさにこの力のおかげで、マンデラはわずかな変化を遂げられた。その変化は、彼がほしいものを手に入れ、逆の立場の人たちを思いやるのに必要なものだった。

あらゆる人の「物の見方」を大切にする

アパルトヘイト時代の残虐行為を別の視点から——俯瞰的に——見る。それが「真実和解委員会（ＴＲＣ）」が目指したことだった。ＴＲＣは、長年にわたる対立のすべてに、黒人・白人、富裕層・貧困層、男性・女性といったあらゆる視点から責任を負い、ありとあらゆる手段を尽くして答えを導くために設けられた。

ＴＲＣの公聴会は、小さな村から大都市まで、南アフリカ全土で開かれた。ＴＲＣはたいてい1週間かけて関係者の証言を聞いたので、聞いてもらう必要のある人たちはみんな、自分の言い分を話すことができた。同時通訳サービスもあったから、誰もが母国語で証言できた。また、多くの視点を取り入れるために、医療従事者、ビジネスリーダー、宗教関係者など、分野別の特別聴聞会も開かれた。

そのベースにあるのは、「すべての人の視点を歓迎する」という考え方だった。犯罪で投獄されていた人たちの視点でさえも。視野を広げ、全体像を理解する人が増えれば増えるほど、国が前に進んでいける可能性も高まるからだ。

世界は、南アフリカがウブントゥを実践するのを、恐れおののきながら見守っていた。ラジオやテレビの生放送で膿を出し、政治的な動機によるものだと証明できれば、罪を犯した人たちにも恩赦を与えていく、その姿を。

身を切るように苦しいこのプロセスは、分裂を修復するために、社会みんなの利益のために行われていた。ひどい扱いを受けた人たちは、「許そう」と背中を押された。自分の幸せのためだけでなく、国家の利益のために。ＴＲＣの責任者たちは、「国を一つにする方法はこれしかない」と考えていた。南アフリカを母国だと考えるすべての人を、受け入れるほかないのだ、と。

「あなたの選択が、恐れではなく希望を映し出していますように」

ネルソン・マンデラはそう言った。

視野を広げることを選べば――それが選択だと気づくことが大切だ――ほかの人たちの考え方に共感できるようになる。なぜそんなことが起こったのか理解できるようになり、慎重に対処できるようになる。

視野が広がれば怒りは理解に、憎しみは共感に変わる。自分の世界観にとらわれず、人として成長できるし、自分をもっと好きになれる。独りよがりな考えにこだわっていたら、お互いに気まずいまま、歩み寄ることができず、バラバラに分裂したコミュニティで暮らす羽目になるだろう。

ウブントゥは教えてくれる。どんなにひどい状況でも、変化を起こすことはできる。周りをぐるりと見回して、仲間に問いかければ、答えが見つかるだろう。もしかしたら、びっくり仰天するような答えかもしれないけれど。

状況が悪ければ悪いほど、視野を広げる

1994年、ルワンダでは、わずか100日の間に、フツ族の人々が、何十万人というツチ族の人々を虐殺した。ツチ族はルワンダでは少数派だったが、長く国を支配していた。フツ族が殺害したツチ族の数は、ツチ族の人口の約7割にあたる80万人とも言われている。隣人が隣人を殺し、フツ族の夫がツチ族の妻を殺すことすらあった。

ツチ族のクリストフ・ムボンインガボは、家族で国外に脱出して亡命者になった。そして、父親と兄弟たちを暴力で失い、世の中を恨んで、憎しみでいっぱいになっていった。戦争が終わってルワンダに戻ったものの、「自分には何もない」と感じていた。家族もいなければ、家もなく、生きがいもなかったからだ。

絶望して教会へ行くと、牧師が2つのコミュニティの分裂について語っていた。耳にしたのは、相手側も苦しんでいること。大虐殺の終盤には、フツ族の人たちも大挙して国外に脱出したという。ツチ族の反乱軍がフツ族が支配する政府を倒すと、穏健派のフツ族は、フツ族の過激派からもツチ族の人たちからも「報復」として殺されるようになってしまったからだ。

クリストフは生まれて初めて、どちらの民族も苦しんでいることを理解した。誰一人、苦痛を免れた者はいなかった。フツ族の苦しみも、ツチ族と同じくらい深いのだ。

クリストフは、恐ろしい出来事をさまざまな角度から考えるようになり、あの100日間がもたらした憎しみと混乱のすべてを思った。どれもこれも、誰のためにもならなかった――それが結論だった。

神を信じることが誰にとっても難しい時期だったけれど、クリストフは気がついた。信仰が壁を打ち破る助けになってくれる、と。それが彼の答えだった。

クリストフは、キリスト教系の慈善団体「ティアファンド*」と共に活動を始め、そのうちある団体の設立をサポートするようになった。その団体の使命は、虐殺の生存者と加害者を一つにすることだ。戦争をどちらの側からも見ることができるようになった彼は、その新たな視点を人々と分かち合い、「視野を広げよう」と訴えた。

この活動の中で、クリストフはある日、紛争後も同じ村で暮らしながら、まだ仲直りできていない村人たちに会った。ある虐殺の生存者は、隣人と22年も口をきかず、あいさつも交わしていなかったが、クリストフの穏やかなサポートで、どうにか許し合い、恨みや憎しみを手放すことができた。

さらにクリストフは、いくつもの高校に「平和クラブ」をつくった。そこでは子どもたちが、大虐殺がなぜ、どのように起こったのかを正確に教わっている。この活動を支えているのは、次世代の若者が広い視野を持ち、なぜ、どのように事件が起こったのかを理解すれば、戦争や大量殺人をしようとは思わなくなる――という考え方だ。そうなれば、歴史が繰り返される可能性は低くなるだろう。

視点は変えられる

「何かが気に入らないなら、それを変えなさい。変えられないなら、自分の姿勢を変えなさい」

アメリカの詩人・活動家・歌手・女優のマヤ・アンジェロウの言葉だ。

自分の世界観にこだわり続けるのは簡単なことだが、視野を広げることを選べば、自由になれる。

多くの人は、路上生活をする人たちに先入観を抱いている。英国の2018年の研究――「ミュージアム・オブ・ホームレスネス」（訳注：ホームレス問題を伝えるためにさまざまなプログラムを展開する、英国を拠点とする事業）の調査の一環として行われた――によると、人間の脳が他人を人間扱いしないしくみは、神経科学で説明がつくという。いわゆる「傍観者効果」と呼ばれる現象だ。*

調査の被験者たちは認めていた。ホームレスを経験している人たちのことを考えると、「犯罪」「絶望」といった言葉が頭に浮かんで、「あくまでも『彼らの問題』でしょ？」「彼らは『理由があってそこにいる』」と考えてしまう、と。「共感できない」という思いは、こうした状況に置かれている人たちへの、ごく一般的な反応かもしれない。

英国のツツ財団は活動を通して、「思いやりのあるアプローチ」をはぐくんでいる。最近は「英国鉄道警察（ＢＴＰ）」と協力し、警察官が日常業務の中で出会う人たちに「起こっているかもしれないこと」を推しはかる手助けをしている。相手の状況について慌てて結論を出すのは簡単だけど、私たちは鉄道警察官が適切な質問をして、「本当に起こっていること」に迫れるようサポートしている。

私が耳にした、ある鉄道警察官の話をしよう。この警察官はまだトレーニングを受けていなかったけれど、財団が教える予定だった、思いやりのあるアプローチをしていた。彼は無賃乗車をした若い女性に出くわしたが、彼女を問いただして罰金を取ったりはしなかった。その代わり、直感を信じて、彼女の境遇についていくつか質問をした。

女性は優しく気遣われたことに驚き、警察官に心を開いた。そして、「ひどい家庭内暴力から逃れたくて電車に飛び乗ったのですが、切符を買うお金がなかったんです」と打ち明けた。苦しい身の上に同情した警察官は、何時間も一緒に過ごし、彼女を救う手立てを考えて、必要なサービスにつないだ。

ツツ財団は、「結論を急がず、なぜその選択をしたのか尋ねること」を勧めている。「なぜ？」という問いの向こうに、全体像を見るチャンスがあるからだ。

ただし、ウブントゥは「誰もがこの考え方を支持してくれるわけではない」とも教えている。私たちはみんな、文化や価値観やしつけ、独自の人生経験や性格からつくられている。だから当然、そうした要素に基づいて世の中を理解している。つまり、自分にとっての現実は、たいていほかの誰かの現実とは違っているのだ。

この「どんどん視野が狭くなる」という悪循環を断ち切るただ一つの方法は、自分が賛同できない人や、理解したいとさえ思わない相手に、思いやりを持って問いかけることだ。相手が「もっともだ」と思っていることは、私たちから見ればとんでもないことかもしれない。それでも、自分の視野の外へ踏み出してみると、「私の意見も、思ったほど正当なものではないな」と気づくかもしれない。

スタンフォード大学の心理学者、キャロル・ドゥエックが１９７０年代に行った研究によると「考え方の枠組み《マインドセット》」には2種類あることがわかった*。

一つは、「固定型マインドセット」。これは、「人間の基本的な資質——才能や知能——は変わらない」という考え方だ。

もう一つは、「成長型マインドセット」。こちらは、「人間の資質は、努力や経験、自信によって変わる」という考え方だ。

ドゥエックが児童に対する調査から明らかにしたのは、向学心を植えつけられ、打たれ強くなるすべを教わった人は、いくつになっても成果をあげられるし、理解を深められること。

それから数十年たった今も、ドゥエックの研究は示している。人は誰でも物の見方を変えられるし、心を開いて理解を深めることができる。私たちは意識して、「ほかの人たちの考え方を知る」という選択をする必要がある。また、自分の人生においても、物事をさまざまな角度から見る必要があるのだ。

離れて見たほうが、全体像がよく見える。

状況をなかなか大局的に見られないときは、一歩下がってみよう。ほかの人の意見も聞いてみよう。「あなたなら、私が今していることにどんなふうに取り組む？」と。自分にも問いかけよう。「1週間後、この問題はまだ大事なことだろうか？　1ヵ月後は？　1年後なら？」。そうすれば、重要なことかどうか、人生にどんな影響を及ぼすことかもわかるだろう。

大変な状況にあるときは、「これもそのうち終わる」という言葉になぐさめられるだろう。じっと動かないものなど一つもないし、変化は避けられないことだから。世の中には、時間が解決してくれるのを待つしかないこともある。
ほかの人の態度や考え方を理解できないときは、その人がなぜそうなったのかを考えよう。たいていの場合、それはあなたのせいではなく、その人自身の人生の何かが原因で起こったことだ。

人生がくれないものではなく、くれるものに目を向けよう。

早朝ボクシングのクラスで、インストラクターが大声で叫んだことがある。「私たちはみんな、『朝6時のトレーニングのために早起きしなくちゃいけないなんて』と文句を言いたがるけど、感謝しようよ。朝起きて、6時のトレーニングができるなんて！　と」。これにはびっくりしたけれど、たしかにその通りだ。できないことに目を向けるのではなく、できることに感謝すべきだ。

感謝の気持ちを行動で示そう。

これは、つらいときに、すばやく視野を広げ、穏やかな考え方にシフトできるたしかな方法だ。行き詰まりを感じたときは、目の前の問題のさらに先を見よう。
そして、今自分ができることを5つ、書き出してみよう。

新しいことに挑戦しよう。

簡単なことに聞こえる？　その通りだ。でも、ほんの少し変化を取り入れるだけで、自分自身に計り知れないほど大きな影響をもたらせる。経験や知識が増えれば、当然ながら、人生をさまざまな視点で見ることができるようになる。なじみのない文化から、何かを取り入れてみよう。たとえば、別の大陸で人気のレシピを使って、食べたことのない料理をつくってみる。いつも前を通っているけど入ったことがない、近所のポーランドや中国のお店に足を踏み入れてみる。挑戦したことのないジャンルの本や映画を試してみる。やってみたことがいまいちでも、そこから学ぶものはあるだろう。もしかしたら、思いのほか楽しめるかもしれない。

LESSON 5

自分もみんなも「かけがえのない人」だと考えよう

HAVE DIGNITY AND RESPECT FOR YOURSELF AND OTHERS

「アフリカ人は、文化について、ヨーロッパ人から初めて聞いたわけではなかった。アフリカの社会は心を持たないどころか、たいてい深遠で価値のある極めて美しい哲学を持っていた。アフリカの社会には詩があったし、何と言っても尊厳があった」

——チヌア・アチェベ

ナイジェリア出身の小説家

（ジャヤラクシュミ・V・ラオの記事「Proverb and Culture in the Novels of Chinua Achebe（チヌア・アチェベの小説におけることわざと文化）」より）

おそらく、ウブントゥが一番大切にしている基本原則は、自分自身とほかの人たちを尊敬すること。これは、とてもシンプルな考え方だ。自分自身を尊敬している人は、そうでない人より、ほかの人たちを尊敬できる可能性もはるかに高い。

では改めて、祖父の言葉に戻ろう。

「私たちは、『人は、ほかの人たちを通して人になる』『私が人であることは、あなたが人であることと絡み合い、切っても切れない形でつながっている』と信じています。ですから、私があなたを人間扱いしないなら、おのずと、自分自身のことも人間扱いしていないことになります」

この理屈で言えば、人はまず、自分自身を尊敬することから始めなくてはならない。でも、「自分自身を大切にすること」――つまり、セルフケア――は、利己的な行為ではないのだろうか？　それは、ほかの人たちよりもまず「わが身のことを考える」のと同じではないのだろうか？

ウブントゥは私に、「そうではない」と教えてくれた。ウブントゥとは、相手が誰でも、人生でどんな役割を果たしている人でも、その人を信じる、という意味だ。すべての人は同じで、誰もが尊敬に値する。私たちは敬意を示す相手を選んだりしないのだ。

ただしウブントゥは、自分自身を信じ、自分自身に敬意を示す、という意味でもある。

だから、「ウブントゥのある人生を生きる」と決めたなら、自分自身を大切にしなくてはいけない。自分が必要としているものを、物心共に自分に与えなくてはいけない。自分の心と身体が日常生活に対応しながら、ほかの人たちを思いやる余裕も持てるように。

自分に敬意を示すというのは、もしかしたら、定期的に振り返りの時間を取ることかもしれない。静かに座って、「今ここ」に心を向けるのだ。あるいは、健康的な食事をしたり、毎日運動したりすることかもしれない。

あなたにとっての「セルフケア」が何を意味するにせよ、必ずそれをやること！

空っぽのポットからは何も注げない

飛行機の離陸前にはいつも、フライトアテンダントが緊急事態にやるべきことを教えてくれる。「上空で酸素濃度が低下して酸素マスクが下りてきたら、まずはご自分のマスクを着けてください。そのあとで、お子さまなど、ほかの方の装着をお手伝いしてください」と。

たしかに、自分が酸欠で気を失ってしまったら、ほかの人たちの役に立てるだろうか？これは、人生のあらゆる場面で言えることだ。

母はあるとき、この教訓を身をもって学んだ。母は私と弟のムピロをシングルマザーとして育てながら仕事をし、平和や人種・性別の平等を訴える活動にも熱心に取り組んでいた。母は私が知る誰よりも献身的な人で、めったに休みを取らない。でも、こんなライフスタイルでは、クタクタに疲れてしまいかねない。

２０００年代前半のある晩、母は、忙しい毎日の中、「やるしかない」と思い込んでいたさまざまなことへの対処法を変えた。

その日は北アイルランドのノーベル平和賞受賞者、ベティ・ウィリアムズと一緒に大学でスピーチをすることになっていたが、全員が予定より遅れていた。ベティの飛行機も母の飛行機も遅れて、２人とも空港からホテルへと大急ぎで向かう羽目になった。ホテルに着いたら、なるべく早くロビーへ下りて、ステージに上る準備をしなくてはいけない。

ホテルで主催者から「30分で準備してください」と言われた母は、着替えたり、化粧直しをしたり、バタバタ準備を始めた。そしてロビーへ駆け下りて「お待たせしました」と伝えたところ、ベティのほうはまだ到着したばかりだった。

主催者はベティにも「急いでください」と言ったけれど、彼女はにっこりして丁寧に断った。穏やかに、でもはっきりと「どんなときも時間はあります」と告げたのだ。

ベティは心を落ち着けて、お茶――いや、たぶんワイン――を1杯飲む必要があった。彼女は上手に説明した。「よい仕事をし、最高のスピーチをするには、『しっかり休めた』と感じる必要があるんです」。つまり休むことが全員にとって一番よいことだ、と主張したのだ。

母は感心し、こう思ったそうだ。「まあ！　そんなことを言ってもいいし、それで大丈夫なのね？」。その瞬間まで、母はそんな生き方をしたことがなかった。でも、ベティが自分を後回しにせず、自分にもみんなにもよい解決策を見つけたのを目の当たりにした。ベティの姿勢は、ウブントゥの精神を体現している。

自分や他人を尊重するために、きちんと境界線を引くのは大事なことだ。自分を大切にできて初めて、ほかの人たちに与え続けることもできるのだから。

つまるところ、どんな人でも、空っぽのポットからは何も注げない。

自分を尊重できてこそ、初めてほかの人たちのことも尊重できる。この考え方は、個人的な話にとどまらず、さらに大きな話にも当てはまる。

世界保健機関（ＷＨＯ）によると、飢えは地球上で人命を脅かす最大の脅威の一つで、十分な栄養の摂取は、多くのアフリカ諸国が常に抱えている課題だ。*

レソト王国の村々が参加するあるグループは、ウブントゥを体現している。その団体は、地元の女性たちが十分に食事ができるよう支援している。すると、それによって力をつけた女性たちが、村の子どもたち——今のところ１０００人ほど——を食べさせるのにエネルギーを注いでくれる。２００７年に英国人のルーシー・ヘロンが立ち上げた、この「ムシジ・アフリカ」という慈善団体は、レソトの極貧地域で食料を提供している。彼らは、「子どもたちが健康にたくましく育ち、力をフルに発揮するには、毎日栄養のある食事を取る必要がある」と考えている。成長には、栄養が欠かせないからだ。

ムシジ・アフリカは村の女性たちに、米と鶏肉と魚を提供し、調理や給仕を任せている。これまでに、このやり方で女性たちが用意した食事は、280万食を超える。

これは、多くの慈善活動の一例にすぎない。教育や給食プログラムやビジネス設立資金の提供を通して、コミュニティの自立を後押しするさまざまな取り組みが行われている。まさに、ウブントゥの実践である。

「助けて」と声を出す勇気を持つ

私たちの多くは、誰かに助けを求めることに抵抗がある。ウブントゥとは、自分自身の中に他人を認めることだけど、ほかの人に助けを求めるのはこの世で一番難しいことかもしれない。

「弱い人間だ」「知識や能力が足りない」と思われそうで、つい足踏みしてしまう。「私はバカだ」と感じたり、「自分で対処できないのね」と思われたりするのが怖いのだ。それに、頼った相手がどんな反応をするかもわからない。プライドや自尊心の低さが邪魔をして、何の問題もないふりをしてしまいがちだ。

世の中――少なくとも、西側の世界――は、個人主義の考え方に染まっている。これは、個人のニーズのほうが社会全体のニーズより重要だ、という考え方だ。

カナダのウォータールー大学とアメリカのアリゾナ州立大学が50年かけて行った共同研究では、家族の人数や離婚率の高まり、仕事の動向など、個人主義にまつわる要素が調査された。行動科学者のイゴア・グロスマンとヘンリ・C・サントスが率いたこの研究によると、個人主義は最初、ベビーブーム世代ではぐくまれ、アメリカで富がふくらみ、教育が普及するにつれて、確立されていった*。

「自力でやり遂げる」というおなじみのフレーズは、私たちの文化における個人主義のメッセージを象徴していて、「自活しなくちゃ」という気持ちにさせる。だから、助けを求めていいとは思えなくて、結局みんな苦しんでいる。

悩みがあっても、せいぜい自己啓発本に頼るか、ネットサーフィンで答えを探すくらいのことしかできない。誰かに助けを求めるのは、なぜこんなに難しいのだろう?

全寮制の学校にいた頃、先生たちは私たち生徒に「助けを求めよう」とアドバイスしていた。とくに、ティーンエイジャーになって、人生が複雑になりだした頃に。「あなたが悩んでいると知らなければ、助けられないからね」と。

助けるためにはまず、相手が助けを求めていることを知らなくてはならない。

このアドバイスのおかげで、私たち生徒は、うまくいかないことがあると、そうためらわずに声を上げられた。けれど、助けがすぐそばにある、と気づきにくいこともある。私たちの多くは、断られるのを恐れるから。悩んで心が折れそうなときに、一番聞きたくないのは「無理。何もしてあげられない」という言葉だ。

それでも、勇気を出してほしい。実際には、多くの人が「助けになりたい」と思っている。

あなたも友達に相談されたらうれしくなって、親切にしたいと思うのではないだろうか？　人を助けると、自分が求められ、必要とされているのを感じて、自分に自信が持てる。だから、人に助けを求めてほしいし、人をもう少し信頼してほしい。

いい日もイヤな日も普通の日も、誠実でいるには？

尊厳は力をくれるし、お互いの思いやりに気づかせてくれる。尊厳を持って行動すれば、ほかの人たちからも尊厳を持って扱われるようになる。

尊敬は、尊厳と深くつながっている。母があるとき、子どもの頃に暮らしたソウェトのとある精肉店の話をしてくれた。そこは一見すると、チキンの骨付きもも肉からポークチョップまで何でも扱うごく普通の精肉店だったけれど、働いている人たちのおかげで、特別な店になっていた。店に入った人は——若者も年寄りも、黒人も白人も、金持ちも貧乏人も——みんな、まったく同じように歓迎された。

その地域にあるほかの店の主人は、子どもを無視して大人から先に接客していたが、この精肉店ではみんなを平等に扱っていた。店員たちは笑顔で、どんな客でも目を見て誠実に応対し、「こんにちは」「お帰りなさい」「調子はどう?」とあいさつしていた。

カウンターの前にいるのがほんの小さな子どもでも、年配の人と同じだけの敬意を示していた。当時としてはとても珍しいことだったから、親からお使いを頼まれた子どもたちは、「大事に扱われている」とすぐに気がついた。

そんな接客が評判になり、店にはお客がどんどんやってきて、みんなが心地よい接客を体感するようになった。そして、ウブントゥが提供されるこの店で、大切なお金を使うようになった。

お客さんたちはよく言っていた。「ここの人たちは、みんな誠実なんだよ」。主人もスタッフも、接客の一つ一つを通して、ウブントゥの哲学を実践していたからだ。

ウブントゥという才能を持つ人たちは、イヤなことがあった日も、何の変哲もない状況においても、この対応をキープできる。自分自身を尊敬し、ほかの人たちのことも尊敬しているからだ。

レッテルの内側を見よう

ほかの人たちへの尊敬と尊厳を大切にしたいなら、何があってもレッテルを貼らないこと。レッテルは偏見を強めるから。レッテルが人を分類し、カテゴリー分けしてしまえば、それを無視するのは難しいし、無視できないこともある。人は、社会が「こういう人だ」と言う以上の存在なのに。

最近アメリカでは、「ホームレスの人」ではなく、「ホームレスを経験している人」という言い方が一般的になっている。ホームレスを経験している誰もが、何をおいてもまず「人」なのだ。

人を状況で決めつけてはいけない。ホームレス生活が長期にわたるのか一時《いっとき》のものなのかはわからないが、その人について知るべきことはほかにもある。

「恥」も、よくレッテルにくっついている。たとえば、レイプや家庭内暴力の被害者がそれを恥ずかしく思っていることも多いし、世界のあちこちで、いまだにエイズと共に生きる人たちへの偏見が息づいていたりする。

誰かのことを話すときは、自分が――意識している場合も、いない場合もあるが――貼りつけようとしているレッテルに気づこう。それが相手にとって、ひいては自分自身にとって何を意味するのかにも意識を向けること。まず目に入ってくるものの内側を見よう。

尊厳は私たちに、自分らしくいられる場所をくれる。尊厳とは、「世の中で評価されている」と感じられること。自分が信じているものや、家の中や外での働き、社会での居場所が評価されている、と感じられること。

そんな恩恵をくれるのはたいてい、天職や情熱を傾けていることや使命だ。情熱を傾けていることも天職も天の恵みだけれど、それが何であれ、心から信じ、誇りを持って全力で取り組めば、尊厳がはぐくまれる。

私は長年にわたって、祖父の友人のビジネスマン、リチャード・ブランソン卿が経営するヴァージン・グループ（訳注：銀行、航空、映画、音楽などさまざまな事業を手がける英国の複合企業）とおつき合いがある。ヴァージンには、社員についてのこんな哲学がある。「社員を転職できるほどしっかり育て、転職したいとは思わないほど大切に扱え」。つまり、社員の尊厳を大切にし、「大切にされている」と感じてもらえば、結局さらに多くの利益を生み出せる、という考え方だ。そして、それはうまくいっている。

ヴァージン・グループの慈善活動部門「ヴァージン・ユナイト」は、社員に働きたい場所でリモートワークをする自由を与えている。だからこの1週間を、ベルリンやスペインのイビサ島で過ごしても構わないのだ。世界中のどこにいても、社員は相変わらず素晴らしい仕事をしている。仕事に必要な専門知識も、雇い主の信頼も手にしているからだ。

尊厳は安らぎをくれる

ウブントゥのエッセンスや、ウブントゥがもたらす尊厳に、思いもよらない場所で出会うことがある。ウブントゥの精神を取り入れれば、どんなことでも乗り越えられる。

2014年、シエラレオネで「エボラ危機」（訳注：西アフリカ諸国で、致死率の高いエボラ出血熱が大流行したことによる）が起こった直後は、家族が遺体を埋葬することが禁じられていた。当局は、そこから感染してさらに病気が広がることを恐れていた。

でも、遺体を埋葬せずに共同墓地に積み上げておくのは、人々の文化や信条に背くことだったし、大切な人を失った苦しみをいっそう耐え難いものにしていた。そういうわけで、家族は身内の遺体を隠したり、埋めてはいけない場所に埋めようとしたので、「カトリック海外開発基金（CAFOD）」をはじめとした慈善団体が介入して、埋葬チームをつくった。こうして遺族は、大切な家族を尊厳を持って眠らせることができた。*

尊厳を求める思いは、宗教の指導者たちをも一つにした。キリスト教の聖職者たちがイスラム教の指導者《イマーム》たちと共に、エボラ出血熱で亡くなった人たちに、きちんとした葬儀を行った。遺族の苦しみが何よりも優先され、悲しむための場所と尊厳が与えられたのだ。

「尊厳死」が私の家族にとっての大問題になったのは、祖父の前立腺がんが再発し、容体が悪化したときだ。祖父は、そう長くは生きられないと思われていた。本人も死が近いことを自覚して、自分の思いを強く主張していた。それは、「死が近づいているなら、自分の尊厳を守りたい」という気持ちだった。

祖父は、耐え難い苦痛を抱え、人生が終わろうとしているのに、苦しみ続ける以外の選択肢がないなら、自尊心を保てない、と考えていた。

ありがたいことに、祖父は天に召されず、がんは再発したものの、今も闘病を続けている。ところが祖父は、２０１６年の85歳の誕生日に、ある記事を書いた。それは、死期が近づいたら「安楽死」という選択肢がほしい、と表明するものだった。

その2年前にも、祖父は『ガーディアン』紙に、こんな投稿をしていた。

「私はこれまでかたくなに人生における思いやりと公正さを主張してきましたが、末期患者も死に際して、同じだけの思いやりと公正さを持って扱われるべきだ、と考えています」*

尊厳は、私たちに安らぎをくれる。大切な人が尊厳のある状態で亡くなったら、悲しいけれど心がなぐさめられる。愛する人の苦しみが、やわらいだことを知っているからだ。

人生で何が起ころうと、自分自身とほかの人たちに尊敬と尊厳を与えれば、心が癒やされるし、力をもらえる。不安な時期にも心が軽くなり、広い視野から状況を見ることができるようになる。

つまり、人は尊厳を与えられれば、力を与えられたと感じる。そうして力をもらった人は、さらに多くの人たちに力を与える。

尊厳は、私たちみんなに与えられるべきものなのだ。

「助けて」と言えない人のための３つのヒント

1．ほとんどの人は、人を助けるのが大好きだ。

「助けてほしい」「手を貸して」と言われるとうれしいものだし、助けを求めたほうも、孤独感がやわらぐ。私たちはみんな——どんな人でも——ひとつやふたつ、悩みを抱えているからだ。試練や混乱は、生きている限り誰の身にも毎日のように起こっている。悩みを分かち合うのは、人間なら当たり前のことなのだ。

2．外へ一歩踏み出そう。

誰かに「友達になって」とお願いするのが難しければ、自分が自分の友達になる努力をしよう。悩みを書き出して、「ほかの人からアドバイスを求められたら？」と想像してみるのだ。その場合、相手に何と言ってあげるだろう？　あるいは、サポートしてくれるグループや慈善団体を探すのも一案だ。悩みを口にしづらいなら、匿名で助けてくれるネットの掲示板も大いに役立つだろう。

3．「ひとりぼっちではない」と知ろう。

よく似た悩みを経験した人が一人もいない、別の惑星から来たなら話は別だけど――必ず助けてくれる人がいる。

尊厳に満ちた1日を過ごす。

最高の気分で過ごしたいなら、毎日身体によいものを食べ、（ただ歩くだけでもいいから）何か運動をし、誰かと話すことで連帯感を抱く必要がある。そうした基本的ニーズを満たせないなら、自分自身を尊敬し、自分に尊厳をもたらすことはできないだろう。

「何が自分をいい気分やイヤな気分にするのか」を知ろう。

不幸に陥って人生に不満を感じるときはたいてい、落ち着かない気分になるはずだ。そんなときはつい気晴らしにと、不健康な習慣に陥りがちだ。気分を上げようと支払いに困るほどの買い物をしたり、ネットでかつてのパートナーのことを——距離を置くべき相手なのに——検索してしまったり、ひたすらソーシャルメディアをスクロールしたり。すべては心の隙間を埋めるための行動だ。そんな自分に気づいて、さらにイヤな気分になることをしてしまう前に、自分の行動や動機をよく見ることが大切だ。スマホのソーシャルメディア・アプリを消すことなのか、自然の中を延々と歩くことなのかはわからないが、今の状況から一歩外へ踏み出してみれば、意外とあっさり解決するものだ。

いいい、あなたがあなたをどう見ているか、それが一番重要だ。

アメリカの元ファーストレディ、エレノア・ルーズベルトの言葉だとされる、あるフレーズを紹介しよう。「あなたの許しがなければ、誰もあなたに劣等感を抱かせることはできない」。これは若者を励まそうと、学校の壁などによく貼られている言葉だ。とはいえ、自己肯定感が低ければ、自分を高く評価するのはとても難しい。劣等感を抱かずにいるのは難しいだろう。

心の声はたいてい、その後の人生に反映される。

毎日後ろ向きな態度で最悪の事態を予想しながら暮らしていたら、ほかの人たちにもネガティブな反応をされて、ネガティブな人生を送る可能性が大いに高まるだろう。そうして、悪循環に陥ってしまう。一方、自分のことが好きなら、ほかの人たちのよいところに目が向くから、ほかの人たちもあなたのよいところに目を向けてくれる。人から評価されてもされなくても、私たちはみんな目的を持って生まれている。だから、自分を大切にしよう。自分のよいところに目を向けよう。

新しいスキルを学ぼう。あなたを愛してくれる人たちとつながろう。[1]

1 www.mind.org

「自分を批判してしまう」悪循環から抜け出す4つのコツ

1．悪循環に陥っていることに気づこう。

鏡を見るたびに自分のルックスを、「何てデブなの」「二重あごなんて最悪」「歯並びが大嫌い」などとけなしたり、人生で果たしている役割を、「ろくに稼げない仕事をしてる」「子どもと家にいるなんて退屈」「何一つ達成できてない」とおとしめたり、「誰にも好かれてない」「不安になる自分が嫌い」などと自己肯定感をたたきつぶしたりしていないだろうか？　気づかないうちに自分とネガティブな会話をし、自分をけなす独り言で頭の中をいっぱいにしているかもしれない。そんな独り言で自己イメージをつくり上げたら、そもそも「悪循環に陥ってる」と気づかない限り、なかなか打ち破れないだろう。

2．ネガティブな自己イメージを、炎だと考えよう。

自分をちくちく批判して炎をあおればあおるほど、火は燃え盛る。そろそろポジティブな話をして、火を弱めるべきだ。鏡を見て、自分自身の好きなところを見つけよう。過去に友達にほめられたことや、成功したときのことを思い出すのだ。小さな一歩が、いずれ大きな歩みに変わる。

3．悪循環を断ち切る小さな行動を取ろう。

悪循環の引き金になる要素を見つけよう。（朝のラッシュ時や、夜疲れたときなど）1日のある時間帯にイヤな気分になるのなら、いつもと違う行動を取ろう。たとえば、ポジティブな言葉《アファメーション》を書き留めて（私のお気に入りは、「来るものは、去ったものより素晴らしい」）、朝、身支度するときに読めるよう、鏡のそばに貼る。毎晩寝る前に「感謝日記」をつける。職場までいつもと違うルートで歩き、見る景色を変える。昼休みに行く場所を変える……などなど。悪循環を断ち切るためなら、あなたの元気を奪う人たちを避けても構わない。ネガティブな思いがいかに現実をゆがめているかを意識するだけでも、変化のきっかけになる！

4．自分に親切にしよう。

私が昔、自己嫌悪に陥ったり、自分のことをけなしたりしていると、母が必ずこう言ってくれた。「うちの娘に優しくしてやってよ。自慢の娘なんだから」。今では私が、自己否定をする友達にこんなお願いをしている。「頼むから私の友達に優しくしてあげて。自慢の親友なんだから」。一歩外へ出て、自分のよいところに目を向けよう。

LESSON 6

すべての人に宿る「よいところ」を信じよう

BELIEVE IN THE GOOD OF EVERYONE

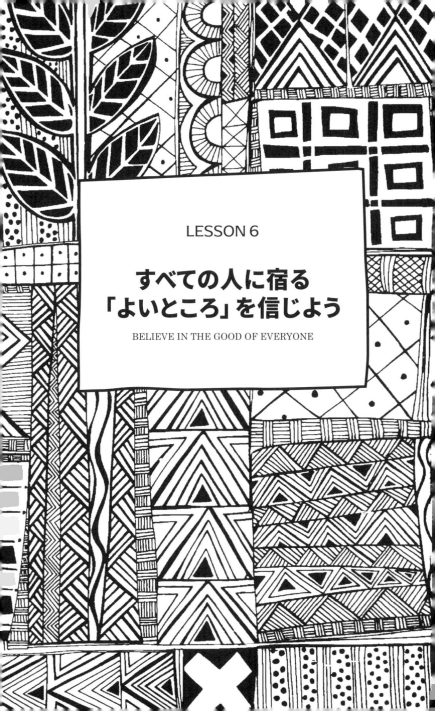

「私は、どんな人も聖人だと信じています。逆のことが証明されない限りね」

――デズモンド・ツツ大主教

「人間は、暮らしている社会によってつくられます。だから、周りの人たちのよいところに目を向けて、励ましてあげましょう」

――ネルソン・マンデラ

毎日、ニュース番組を観たり、ソーシャルメディアをのぞいたり、新聞を拾い読みしたりするたびに、人間がしでかした恐ろしい事件に出会う。すると、殺人やレイプ、戦争、飢え、貧困、危機といった話で、頭がいっぱいになってしまう。

たしかに恐ろしいことは起こっているし、それが世の中を生きづらい場所にしている。でも本当は、親切な行為のほうがはるかにたくさん行われているのに、報道されていないのだ。毎日あらゆる場所で、百万件の小さな（時には大きな！）愛にあふれる行動が取られ、われわれを忘れて人に尽くす行為も団結も行われている。どれもこれも思いやりの詰まった素晴らしい行動だけど、よいニュースや小さな親切はトップニュースにはならない。

母と祖父はどんなときも、人が生まれながらに持つ良心を信じている。2人は、人間に備わったよいところを探すことを選んでいる。あなたも人のよいところを探すと決めれば、きっと見つけられる。

どんな状況でも、最後は「善」が勝つ

数年前の夏、パレスチナを旅する機会に恵まれた。パレスチナの人たちに会って、ある家族のもとでホームステイをさせてもらった。中東に惹かれ、紛争が終わらないことに心

を痛めていた私は、あるグループと共に現地を訪れるチャンスをもらったのだ。

メンバーの大半がアメリカ人だったが、英国や南アフリカからの旅行者も交じって、この国について学ぼうとしていた。そして、これほど分断された地域で暮らしながら、思いやりを示してくれる人たちに、頭が下がる思いがした。


私たち5人のメンバーは、サラーという女性の家で過ごした。サラーは心から私たちを歓迎してくれる、素晴らしいホストだった。彼女の様子からはついのんびりとした人生を思い描いてしまったが、紅茶を飲みスイーツを食べながら、優しい声で、家族に何が起こったのかを聞かせてくれた。

サラーが一番上の息子を産んですぐ、夫が投獄された。食べ物を分けてあげた貧しい人が、当局から「テロの一味」と誤解されたせいだった。その後は、4人の息子のうち3人が逮捕された。3人とも最後には釈放されたけれど、息子の一人については、法廷で争わなくてはならなかったし、私たちの旅の主催者らが支援して、ようやく救われた。

でもこの話は、パレスチナ人にとっては、実によくある話だ。誰もがありとあらゆる軽犯罪で——フェイスブックの投稿が不適切だと判断されたり、悪事を働いたと疑われている隣人に食べ物をあげたりで——投獄されかねないから。

印象的だったのは、話し終えたときに、サラーの目に光と優しさが戻っていたこと。恐ろしい経験をしても、彼女がもともと持っていたよいところは少しも失われなかったのだ。サラーは、私たちのよいところにも目を向けてくれた。彼女は今も他人を思いやり、アメリカ人まで家に招き入れている。アメリカはパレスチナ人が弾圧されるのを無視したり、悪化させたりした、と考えられているのに。そして、自分も決して豊かではないのに、私たちみんなに食べ物をふるまい、面倒を見ようとしてくれていた。

ほかの人たちのよいところを探すなら、相手との小さなつながりを見つけることから始めよう。何か共通点を探すとよいだろう。意見が違う相手や、ほかにも嫌いな理由がある場合は、難しく感じるかもしれないけれど。

「他人のよいところに目を向けることを選べば、結局、自分のよいところに出会うだろう」

誰の言葉かはわからないけど、名言だと思う。

世界的なリーダーや政治家は、シリアから北アイルランドに至るまで、不安定な国々で平和を仲介する、という難しい目標を背負っている。対立したり、反対意見を持つ相手と有意義な話し合いをするのは、誰にとっても骨の折れる状況に違いない。「共通点などない」と思って当然かもしれない。

ツツ財団の大使を務めるピーター・ヘイン卿は、アイルランドの和平交渉に携わっていた頃、根深い対立を抱えながらも、信頼関係を築くことを学んだ。ヘイン卿が実感したのは、信頼は人間関係の何より大切な土台であること。そして、職場でもそれ以外の場所でも、人と協力し合いたいなら、信頼づくりや信頼の修復が欠かせない、ということだった。ヘイン卿にとって、信頼づくりの秘訣はどんなときも、「政治的な緊張」を超えて、相手との接点を見つけることにあった。

ある日、シンフェイン党（訳注：英国からの独立を目指して結成された、アイルランドの政党）の党首だったジェリー・アダムズと、「私は木が大好きでね……」とおしゃべりしている自分に気がついた。アイルランド統一の闘いとは、1ミリも関係のない話題で！

私たちはみんな、何かしらの共通体験を持っている。家族、子ども、住んでいる場所、旅行した土地、ペット、趣味……。

そのどれかを選んで話題にしたり、質問したりすれば、どんなに難しい状況にあっても相手との間に懸け橋ができる。コミュニケーションをし、共通点を見つけ、分裂を修復したり、新たなつながりを築いたり。そこには、ウブントゥの精神が働いている。

子どもと若者から学ぼう

子どもや若者は、私たちの素晴らしい先生だ。「相手のよいところに目を向けよう」と教え、私たちの背中を押してくれる。彼らはたいてい持ち前の元気さや純真さや熱意で、人や状況を大人よりも上手に受け入れる。

つい最近もニュースで、英国ウェストミッドランズ州バーミンガムに住む、アニュと呼ばれる7歳の女の子の話を聞いた。生まれてすぐに片足を失ったアニュは、最近ピンクの新しいスポーツ用義足をもらった。小さい頃から義足をつけているアニュだが、初めて最先端の義足をつけて学校へ行った。

アニュが遊び場にいるクラスメイトに加わるところを、テレビの取材班が撮影した。仲間たちはアニュの新しい足にちらりと目を向けると、「すごい！」と驚きの声を上げた。そしてすぐ、みんなで楽しく追いかけっこを始め、アニュと新しい足をこともなげに受け入れていた。*

「私たちは子どもの顔を見ると、未来のことを考えます。子どもたちの夢に思いを馳《は》せ、『この子は将来何になるのだろう』『何を成し遂げるのだろう』と考えるのです」

デズモンド・ツツ大主教の言葉だ。

若者はもともと、世の中をよりよい場所に変えるポジティブさやエネルギーを持っている。若者は私たちの未来だから、よい教育を授ければ、私たちの生き方をよい方向に変えてくれる。それも、ツツ財団が主に若者と活動している理由の一つだ。

ツツ財団は、若者たちが苦労している地域で活動することを選んでいる。私たちが、ロンドンからニューカッスルに至るまで、英国の中でも貧困度が高く、無気力な若者が多い地域を探すのは、誰も話しかけようとしない若者たちを見つけたいからだ。みんなが耳を傾けようとしないからこそ、彼らに発言権を与え、彼らの話に耳を傾けられないかと考えている。

これまでに、あるプログラムは、英国全土の何百人もの若者とつながり、10のロンドン自治区で活動してきた。先ほど紹介した「ウブントゥ円卓会議」は、そうしたティーンエイジャーのブレアと友人のマークがツツ財団と共に立ち上げたものだ。

プロジェクトのきっかけは、ブレアと10代の仲間たちが、ロンドンでよく警察官に呼び止められたりボディチェックされたりしていたこと。彼らは、多くの人が「人種差別だ」と感じるような職務質問を受けていたのだ。少年たちはたいてい、見た目だけで目をつけられていた。でも、ブレアと仲間たちは、怒ったり絶望したりするのではなく、警察官のグループと話し合う場をつくった。お互いの違いを探り、共通点を見つけようと。

ツツ財団はブレアと協力して、このアイデアを「ウブントゥ円卓会議」に発展させた。会議には、警察官と若者のいくつものグループが集まった。話し合い、固定観念を手放して、つながり合うチャンスを得るために。

私たちは警察に、「イベントには制服で来ないでほしい」「なるべく心を開いて、正直に話をしてほしい」とお願いした。出席した若者たちに彼らのことを、「警官」や「当局の人」

ではなく、一個の人間として見てほしかったからだ。目的は、どちらの側もお互いの「よいところ」を見つけられるような状況をつくること。

若者たちも警察官も、制服やフード付きパーカーではなく、「中身」を見る必要があった。

これこそが、ウブントゥである。

ウブントゥを信頼する

若者たちはみんな、子どもの頃からずっと警戒していた警察の人間と話すなんて……と、うさんくさく思っていた。だから私たちは、懸け橋になってくれそうな若者の支援活動のリーダーたちに、サポートをお願いした。すると、この会議を通して、若者の多くは警察官との共通点を見つけてびっくりすることになった。

警察官の中には、若者たちと同じように治安の悪い地区で育ったり、非行グループや薬物犯罪に関わった経験を持つ人たちもいたからだ。警察官のほうも、「若者たちの声が聞ける安全な場所を提供してくださって、とても感謝しています」と話していた。

会議の目的は、公開討論の場を設けることだった。若者たちも警察官も、お互いのよいところに目を向け、相手の意見を大切にできるように。どちらの側も社会では、相手からのメッセージを耳にしたことがほとんどなかった。円卓会議は、まさにそれを実現したのだ。

警察と若者がひざを突き合わせて話し合った結果は、驚くべきものだった。

少年たちは、警察が自分たちに対して、どれほど高飛車で強引な態度を取っていたかを聞いてもらえた。「警察は若者の味方じゃない」と感じていたことも。

同じように警察官のほうも、自分の人生について話す機会を得た。ある警官は、ぞっとするような体験を語ってくれた。ある晩、緊急通報を受けて、一人である家に駆けつけたところ、目にしたのは恐ろしい光景だった。アパートの部屋が血の海になっていたのだ。まさに「人生最悪の経験」。その後も震えが止まらず、眠れなかったという。

ブレアにもはっきりとわかった。その警官が心にどれほど大きな傷を負ったか。そして、その話をするのがどれほどつらいことか。だから、根本的な問題は残ったままだったけれど、ブレアはその警官の人となりを理解することができた。「警察も、感情を持つごく普通の人たちなんだね。だから、警官の仕事がどんなに大変かもわかったよ」と、私に話していた。

この警察官も、ブレアの話にどれほどハッとさせられたかを語ってくれた。「私と話したがらない子たちにも、理由があることがわかりました。過去の経験のせいだったんですね。今の時代に子どもとして過ごすことが、どんなに恐ろしいことかもわかりました」

最終的に、警察官たちは理解してくれた。なぜ若者たちが通りで立ち止まって、自分たちと話すのを嫌がるのかを。

それでも、すべての人のよいところを見つけるなんて、本当にできるのだろうか？　時にはよい面に目を向けるのに、ひどく骨が折れることもあるだろう。

よいところを探せば、必ず見つかる

ネルソン・マンデラが政治犯として、悪名高いロベン島の刑務所に送られ、劣悪な環境で27年間を過ごしたことはよく知られている。このロベン島で、彼が看守にした驚くべき対応にも、ウブントゥのエッセンスが表れている。クリスト・ブランドがこの島でマンデラを収監する仕事に就いたとき、彼はまだ18歳で、アパルトヘイトを支持していた。

ブランドは最初、当時60歳のマンデラをほかの囚人と同じように扱っていたけれど、「こんなことは続けられない」とすぐに気づいた。何年ものちに、ブランドは『オブザーバー』紙で語っている。「マンデラ氏は親しみやすくて礼儀正しかった。私に敬意を持って接してくれたので、彼に対する尊敬の念がふくらんでいきました。そのうち、彼は囚人でしたが、私たちの間には友情が芽生えていきました*」

こうして生まれた友情は、鉄格子を超えてはぐくまれ、ブランドの人生を変えていった。マンデラはブランドのことを、一個の人間として見ていた。たとえ人間性を奪うような仕事でも、彼には仕事が必要なのだ、と。マンデラは敬意を持ってブランドに話しかけ、彼の人生について尋ね、自分との共通点を見つけた。そうしているうちに、少しずつあり得ないはずの絆ができていった。マンデラが釈放される頃には、2人は固い友情で結ばれ、ブランドは人種やアパルトヘイトへの考え方をがらりと変えていた。静かに、でも一貫してマンデラは看守のよいところに目を向けることを選んでいた。

知らない人や、「私のためを思ってくれていないのでは？」と感じる相手のよいところに目を向けるには、メンタルの強さと決意が必要だ。頑張って相手のよいところを探すのには、本当の強さが必要なのだ。

自分の偏り《バイアス》と向き合おう

人間は生まれながらに「ネガティビティ・バイアス」を持っている。つまり、私たちの脳は生まれつき、ネガティブなことに焦点を合わせやすいのだ。この偏りを克服したいなら、「疑問を持とう」と決めることだ。

西アフリカのヨルバ族の有名なことわざに、「誰かの人格を傷つけたら、あなたの人格も傷つく」というのがある。つまり、誰かを批判したり裁いたりすれば、自分自身も傷つく、という意味だ。

祖父はＴＲＣの委員長時代に、生々しい犯罪の話を聞いてゾッとしたけれど、それでも実行した人たちにもよいところがある、と信じ続けた。祖父は、黒人も白人も苦しんでいて、苦しみを免れている人は一人もいないことを理解していた。だから、どんなに聞くのがつらくても、「人々は国家の利益のために証言してくれている」と受け入れることを選んだ。

祖父は信じていたのだ。人生最悪のふるまいが、その人そのものではないし、生まれつき誰かを憎んでいる人間などいない、と。どんな人でも悪事に手を染めることはできるし、どんな人も善と悪――光と闇――を持っているけれど、善に基づいて行動することを選べば、そこにはウブントゥが宿っているのだ。

日常生活において、私たちは誰かのよいところに目を向けたり、悪いところに目を向けたりしているが、どちらを選んでも、たいてい選んだものが自分にはね返ってくる。攻撃すれば、きっと攻撃されるだろう。誰かに思いやりを示せば、同じものが返ってくるから、自分も親切にされる可能性が大いに高まる。

心理学者はそれを「脳幹網様体賦活系《のうかんもうようたいふかつけい》（ＲＡＳ《ラス》）」と呼んでいる。* ＲＡＳは脊柱の最上部のそばにある脳の小さな部分のことで、私たちの注意をある方向に向ける働きをする。たとえば、あるもの――ネガティブなもの――に注意を向けたら、ますますネガティブなものが見つかるだろう。逆に、ポジティブなものに注意を向けたら、やはりますますポジティブなものが見つかる。

たとえば、「パーカーのフードをすっぽりかぶった若者は厄介だ」と信じれば、RASはその証拠を探すだろう。

想像してみよう。あなたは、「パーカーのフードをかぶった若者は、たいていよからぬことをたくらんでいる」と考えている。そして今まさに、パーカーのフードを深くかぶった若者が自転車に乗って、あなたのそばを走っている、と。そうしたら、ありとあらゆる不安が、頭をよぎり始めるだろう。

でも、「よいところに目を向けよう」と決めたら、別の思いを抱いている自分に気づくはずだ。「ここは交通量の多い一本道で、車がスピードを出しているから、この若者は安全運転を心がけている」と感じるかもしれない。それに、「お先にどうぞ」と、スピードを落としてくれたことにも気づくだろう。さらには、「親戚のお年寄りのために、お使いに出ているのかも」という考えすら浮かぶ。アイコンタクトを取ると、「脇へ寄ってくれてありがとう」という感謝の気持ちまで伝わってくるかもしれない。

親切な考え方を選べば選ぶほど、それを自分の心に植えつけられる。するとますます、RASは人々のよいところを探すようになる。

ウブントゥは、日常生活のあらゆる場面で、相手のよい面に目を向けることを思い出させてくれる。職場でそういう態度を取れば、同僚と一緒に前に進めるだろう。同僚の長所や才能に目を向ければ、みんなが成功できる前向きな社風をつくれる。あら探しをして部下をおとしめようとする上司より、あなたを信じてくれる上司と働いたほうが、はるかによい結果が出せるように。家庭でも、子どもたちを信じて、よいふるまいをほめれば、子どもたちはさらによい行動を取るようになるだろう。

ウブントゥは教えてくれる。「ほかの人たちの長所におびえる必要はない」と。むしろ、人のよいところを探して、相手が輝くよう励まそう。そうすれば、みんながお互いの一番よいところを引き出せるから。

まず、自分のよいところに目を向けよう。

自分を常に叱りつけていたら、当然、ほかの人にもガミガミ言ってしまうだろう。誰かの行為を批判しているなら、あなたは無意識に自分自身を責めている。おそらく、自分もしている行為だから文句を言いたくなるのだ。たとえば、誰かを見て「何でその服を選んだの？」とひそかに眉をひそめているのは、朝自分が着たものが気に入らないからだ。誰かのスピーチをけなすのは、心の奥で、自分も人前で話すのが怖くて仕方ないことを知っているからだ。そういうときは、そんな自分に気づいて、問いかけてみよう。「相手に、自分の嫌いなところを投影しているだけじゃないの？」と。

嫌いな人のことを考えよう。

音楽を大音響でかけるうるさい近所の人でもいいし、あなたを大事にしなかった元パートナーでも、貸したお金を返してくれなかった人でも構わない。そして、問いかけてみよう。「あの人はいつもそうだろうか？」「なぜあんなことをしたのだろう？」と。もしかしたら近所の人は今つらい目に遭っていて、ほかの人の気持ちを思いやれないのかもしれない。元パートナーがひどいふるまいをしたのは、仕事や老いた親の世話で、苦労していたからかもしれない。

心を落ち着けて、大事な問いかけをしてみたら、相手への気持ちが変わり始めるだろう。思いやりを持ってつき合えば、自分も気分がよくなるし、相手との絆も生まれる。怒りから行動したときのエネルギーには、相手が身構えてしまう。そこからは何一つ、よいものは生まれないだろう。

にっこりしよう。

笑顔は、人々のよいところを探してくれる。笑顔を向けるのは小さな行動だけど、とてもパワフルで、自分もいい気分になれる。マンデラや祖父や元アメリカ大統領のバラク・オバマなど、素晴らしいリーダーたちのことを考えてみよう。みんな素敵な共通点をたくさん持っているけれど、一つ挙げるとすれば、満面の笑みだ。笑顔はほかの人たちに「私は親しみやすくて、フレンドリーで、つながりを求めています」というメッセージを送っている。そして、笑顔はたいていほかの人たちにも伝染し、また自分にはね返ってきて、みんなを安心させてくれる。

LESSON 7

楽観ではなく
希望を選ぼう

CHOOSE HOPE OVER OPTIMISM

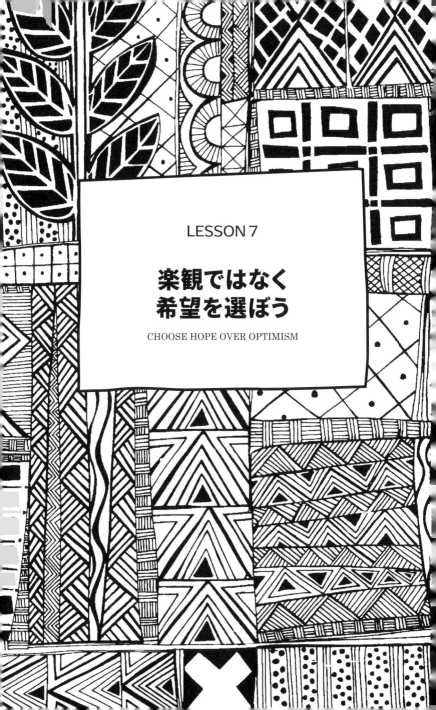

「私たちはある程度の失望を受け入れなくてはならないが、無限の希望を失ってはならない」

——マーティン・ルーサー・キング・ジュニア

心にウブントゥを抱いて話すなら、どんな言葉を選ぶかがとても大切だ。祖父はかつて言った。「『希望』という言葉は、『楽観』という言葉よりもはるかにパワフルだ」と。この2つの言葉の定義を見てみよう。

「希望」とは、「あることの実現を期待し、願う気持ち。信頼感」のことだが、「楽観」とは、「何かの未来や成功への希望や自信にあふれていること」だ。

「希望」は信頼を必要とし、信念を持つことを求める。ここで言う「信念」とは、必ずしも宗教的なものでなくても構わない。ほかの人たちや、自分の能力を信じることはできるし、愛する人たちや自分自身、主治医や同僚を信じることもできる。希望とは、あきらめていないこと。希望は感覚であり、私たちの生命を内側から満たしてくれるエネルギーだ。私たちは希望の中で暮らし、希望にしがみついている。人が希望を失うのはたいてい、何もかもあきらめてしまったときだ。

「希望とは、真っ暗闇の中にも光が存在することに、目を向けられること」

デズモンド・ツツ大主教の言葉である。

一方、「楽観」は感情だ。感情だから、移ろいやすい。状況が厳しくなると、楽観は悲観に変わってしまう。感情は、状況次第でコロコロ変わるからだ。「命あるところに希望あり」とは言うけれど、「命あるところに楽観あり」なんて言わない。

祖父は、反アパルトヘイトの闘いでどん底だった時期も、ずっと希望を持っていた。楽観は真っ暗闇の中にいると、すぐ離れていってしまうが、希望は逆境の中でも赤々と燃える光となって、どんなときも前に進むのを支えてくれる。

私たちは、どんなに絶望的な状況でも、「希望を捨てるな」と口にする。誰もが、不利な条件をはね返した物語を聞いたことがあるからだ。誰もが、奇跡が起こるのを目の当たりにしたことがある。それは、大切な人が絶望的な診断を覆した話かもしれないし、不妊に悩んでいた友達に赤ちゃんができたことかもしれない。

私たちはみんな、人間の忍耐力が信じられないほどの偉業を成し遂げる、そんなドキュメンタリーを見てきたのだ。何があってもあきらめずに生き延びた人、正義のために断固として戦った人……。

ウブントゥは、人生が必ずしも楽ではないと理解している。むしろ現実的に、私たちに教えてくれる。たとえ暗闇の中で苦しんでいても、どんなにつらい時期にあっても、私たちは人間であり、私たちは光にふさわしいのだ、と。

そう、どんな人でも。私たちが、どこかにあるひらめきを求め、ほかの人たちに心を開けば、求めるものはきっと見つかるだろう。

恐れではなく希望を選ぶ

さまざまな政治的なプロセス、とくに和平協定の仲介を目指している最中には、みんなで希望を信じる必要がある。たいてい交渉が始まった時点では、紛争当事者同士には何の共通点もないように見える。「これもそのうち終わる」という希望以外には。

ピーター・ヘイン卿が、話してくれたことがある。北アイルランドの和平交渉のとき、英国の首相だったトニー・ブレアには「揺るぎない信念」があったと。それは、「この問題は解決できるし、解決しなくてはならない」という信念だった。

ブレアは1997年5月に首相に就任したその日から、北アイルランドの和平問題を最優先していた。言うまでもないが、この希望がのちの「聖金曜日の合意」（訳注：北アイルランド紛争の解決のために、1998年に英国、アイルランド、北アイルランドの間で成立した和平合意）の成功に大きな役割を果たした。

ここまで大きな話でなくても、一般の人たちも、希望を語ることでみんなを励まし、「素晴らしい未来をつくるために頑張ろう」という気持ちにさせられる。

ボスニア紛争の最中《さなか》の1992年、スコットランドのマグナス&ファーガス・マクファーレン＝バロー兄弟は、ボスニア・ヘルツェゴヴィナの人たちを助けるために、毛布や食料を集める活動を始めた。兄のマグナスとボランティアの人たちが、困窮しているメジュゴリェの町まで車で物資を運び、住まいのあるアーガイルに戻ると、人々からの寄付がなおも殺到していた。だから、夢にも思わなかったことだけれど、マグナスは二度と魚の養殖業者に戻らなかった。そして、世界のさまざまな地域を支援する活動を広げていった。

2002年、マグナスは、マラウイのある家族と出会った。その後、その家族の夢と希望が、何千人もの人生を変えるチャンスを生み出していく。マグナスがあばら家の中で地べたに座ってエマに会ったとき、エマはエイズで亡くなりかけていた。そして、6人の子どもたちが母親を囲んで座っていた。マグナスは、一番上の息子のエドワードに聞いた。「人生に、どんな希望を持っている？」。エドワードは答えた。「食べるものが十分にあることと、いつか学校へ行くこと」

エドワードの「希望」は、ずっとマグナスの心に残った。マグナスは「出会った人たちの人生をよくしたい」という希望を捨てなかった。どの人も、自分自身を見限っていなかったからだ。

マグナスたちの活動のおかげで、その年のうちにマラウイの200人の子どもたちは、毎日栄養のある学校給食を食べられるようになった。17年後の今では、マグナスが立ち上げた「マリアの食事（Mary's Meals）」*は世界的な慈善団体となり、18ヵ国で140万人を超える子どもたちに、毎日学校給食を提供している。

最悪の時期には、手元に残ったのは希望だけ、ということも多いが、それが生死を分ける場合もある。ネルソン・マンデラは、ロベン島の刑務所に投獄されている間に、母親が亡くなり、息子も自動車事故で亡くなったけれど、どちらの葬式にも出席を許されなかった。

2・4×2・1メートルの窮屈な独房でその日暮らしをし、外へ出るのを許されるのは、石灰岩を切り出す過酷な労働をするときだけ。看守たちにいじめられ、岩に反射するまぶしい太陽のせいで、視力も衰えてしまった。それでも、決して希望を捨てなかった。

マンデラは多くのことで人々の記憶に残っているが、希望も彼を語る要素の一つだ。妻のウィニーに送った手紙の中で、マンデラは希望について語っている。「覚えておいてほしい。たとえほかのすべてが失われても、希望は強力な武器になる」と。

2013年にマンデラが亡くなったあと、バラク・オバマが言った。「マンデラ氏は私に教えてくれました。人間が恐れではなく希望に導かれたときに、どんなことができるのかを」

私たちが誰で、人生で何を成し遂げたいにせよ、恐れに足を引っ張られることなく、希望と夢を追いかければ、さらに素晴らしい経験ができるだろう。

「望む力」は人間が持つ資質

人生にウブントゥを迎え入れれば、希望もついてくるだろう。いつの間にか希望に満ちた姿勢に変わっていくのは、ほかの人たちが「前向きに」と励ましてくれるからだ。それは、人間にもともと備わっている自然な資質なのだ。どこに目を向けても、毎日あらゆる場所で希望の働きを目にするだろう。

私たちが結婚するのは、愛を信じ、「きっとうまくいく」という希望を抱くからだ。子どもを持つのも、子どもたちが生き延びて大人になり、きっと幸せに生きていってくれる、という希望のおかげだ。慈善活動をするのも、「世の中に変化をもたらせる」という希望があるからにほかならない。

「望む」という人間本来の資質をはぐくむのは、人生で大きな望みをかなえる効果的な手段だ。どんな目標を目指すときも同じだが、試練は必ずある。誰の道も、スムーズにはいかない。決意が試されるのはそういうときだけど、希望を信じていれば、打たれ強くなれる。

「イェール小児研究センター（Yale Child Study Center）」のヴァレリー・マホルムズ博士*の研究によると、子ども時代は貧しくても成功をおさめる人たちには、ある共通要素があるという。そう、希望だ。この研究でいう「成功」には学業成績や、（稼げる仕事に就く、非行グループに入らない、健康管理ができている、など）経済や社会や健康上の問題を克服したことも含まれている。

マホルムズ博士が明らかにしたのは、つらい感情に対処するすべを学ぶ、「語《トーキング》りによる治療《・セラピー》」を利用する、などの対策を取った子どもたちは、大人になってから成功する傾向にあった。希望を持つ人は、解決策を探し、実際に見つけるからだ。

希望は、たとえあきらめたくなっても前に進む力をくれる。そして、さらによいものを望む気持ちが、それを達成する後押しをしてくれる。

マンデラが身をもって理解したように、希望は過酷な状況においても働いてくれる。たとえ愛する人を亡くしたり、仕事を失ったり、子どもが病気になったり、生き方や自由を奪われたりしても。

1985年、アンソニー・レイ・ヒントンは、アラバマ州バーミングハムで、複数の人を殺害し強盗を働いた容疑で逮捕された。警察にはめられたのだ。裁判で証拠が開示されないまま、ヒントンは投獄され、無実なのに死刑囚として30年も独房に入れられた。

ヒントンは、長年暮らしたアラバマ州の刑務所を「生き地獄だった」と語っている。ネズミやゴキブリと同居し、ほんのわずかな食べ物しか与えられず、独房を出られるのは1

日にわずか15分のみ。廊下の向こうからは、死の音が聞こえ、においまでしていた。身近な囚人が、一人また一人と電気椅子で生きたまま焼かれるからだ。

そこは、多くの人があっという間にすべての希望を失う場所だった。自殺もたびたび起こり、人々はあきらめて心の病に倒れていった。でも、ヒントンはあきらめなかった。週に一度は必ず面会に来てくれる友人と、「いつか必ず真実が勝つ」という信念に支えられ、絶対に希望を捨てなかった。

無実のまま投獄され、死刑囚として30年も服役したあと、ヒントンは無罪になって、2015年4月3日に釈放された。やはり希望と正義が勝利をおさめたのだ。釈放されて間もなく出版された彼の自伝には、こんな言葉がある。*

「絶望は選択だった。憎しみも選択だった。怒りも選択だった。自分にはなおも選択肢がある——そのことを知り、私はショックを受けた……私は、あきらめることを選ぶことも、頑張り続けることを選ぶこともできた。希望は選択だったし、何かを信じることも選択だった。そして何より、愛することも選択だった」

希望の源は「未来を考える力」

どんな状況にあっても、常に希望を選べる。「未来はよくなる」という希望を持てば、今抱えている苦労も「一時《いっとき》のものだ」と思えるだろう。

未来を考える能力が、希望の力を支えてくれる。状況をよくするためにできることがほかにないなら、せめて「きっとうまくいく」と思い描いてみよう。ポジティブなエネルギーが、不安をやわらげ始めるから。最悪の、ではなく最善の展開を思い描けば、心がホッとするだろう。希望は目を向けると育つが、ネガティブな思いや皮肉な言葉で抑えつけると消えてしまいかねない。

アメリカの弁護士ブライアン・スティーヴンソンは、自らが立ち上げた非営利の慈善団体「公正な裁きのイニシアティブ（Equal Justice Initiative）」を通して、囚人たちのために粘り強く活動している。著書『黒い司法――黒人死刑大国アメリカの冤罪と闘う』（邦訳：亜紀書房）では、不利な状況で希望を持つことの大切さを説いている。* スティーヴンソンはよく、チェコの指導者ヴァーツラフ・ハヴェルの話をするという。ハヴェルは「『希望』はソビエト時代、東欧で戦っていた人たちに必要なものでした」と語っている。「人々は、独立やお金や外の世界からの支援をほしがりますが、希望は自分たちの手の中にあります。そして、希望こそが状況を一変させるのです」と。

「希望は絵に描いた餅ではない」とスティーヴンソンは書いている。「悲観より楽観を選べ、という話でもない。希望とは『心を望む方向に整える』ことなのだ。それは、絶望的な状況に身を置いて、目撃者になる意欲をくれる希望。残虐な行為にさらされても、未来はよくなると信じさせてくれる希望。そうした希望は人を強くしてくれる」と。

ウブントゥは、「希望の力も伝染する」と教えてくれる。家族や友達が苦しんでいても、希望が息づく場所から前向きに話をすれば、支えてあげられる。ただ明るい面に目を向けるだけでなく、「きっとよくなると信じているよ」と伝えてあげれば、相手は安心するだろう。

希望は、どんな人でも、探せば見つかるものなのだ。

すべての希望が失われたと感じたら、やるべき6つのこと。

人生では時折、とんでもない試練に見舞われることがある。とくに、疲れていたり、おなかが空いていたり、体調が悪かったり、ひとりぼっちの気分のときには、問題に押しつぶされそうになるだろう。こうした落ち込みを乗り越えるには、もう一度希望を見いだし、人と心を通わせて、ウブントゥの考え方を受け入れる必要がある。では、絶望に打ちひしがれたときに、やるべきことを挙げてみよう。

1．状況を受け入れる。

今はそういう気分なのだ、と絶望を受け入れよう。泣いて、感情を解き放とう。ウブントゥは教えてくれる。自分自身を大切にし、自分の気持ちに正直になる必要がある、と。そうすれば、なぜ絶望しているのかわかるだろう。最近の思わぬ失敗のせい？　それとも、長年にわたる悩み事のせい？　それが何であれ、なぜそう感じているのか理由を挙げてみれば、感情を手放す助けになるだろう。

2．対策を取る。

絶望に「浸る」とよく言うけれど、いったん落ち込むと抜け出せない、という悪循環に陥りやすい。無気力になって意欲を失い、絶望に陥ってしまうのだ。自分が心の中でどんな対話をしているか、耳を傾けてみよう。おそらく「でも無理」「そんなの無駄だ」「もうやってみたよ」などとつぶやいているはずだ。まずやるべきことは、そうした言葉をひっくり返し、ネガティブを一つ一つポジティブに変えていくこと。「私ならできる」「絶対にあきらめない」「もう一度やってみよう」と、新しいフレーズを声に出して言おう。どの言葉も、潜在意識への強力なメッセージになる。

3．今この瞬間を生きる。

心がつらくても、身体の調子がよくなることをしよう。心と身体はつながっているから。早足で長めのウォーキングをする、前向きな友達に電話する、身体によいものを食べる。どれも小さなことだけど、目の前の心配事を改善する助けになるだろう。心配するのは、起こってほしくないことを願うのと同じ。だから、先のことでくよくよしてはいけない。今に集中しよう。どんなことでもいいから、ほんのわずかな間でも、気分転換になることをしよう。

4．「感謝のリスト」を書く。

ウブントゥが教えてくれるのは、私たちはみんな何かしら感謝できるものを持っていること。だから今こそ、自分が持っている素晴らしいものにしっかり目を向けよう。健康、家族、優しい友達、今飲んでいるおいしいコーヒー……。今ありがたく思っていることを挙げてみよう。これは、気分を瞬く間に明るくしてくれるエクササイズだ。

5．目標を設定する。

とことん絶望してしまったら、絶望に打ち勝つために、毎日努力する必要がある。新しい目標を設定することで前に進もう。まずは、ほんの小さな目標から始めよう。簡単にできることから始めて、徐々に目標を大きくしていくのだ。

もし失業したら、まずは信頼できる人に連絡して、アドバイスをもらおう。そのあとで少しずつ求人広告に目を通し、それから仕事に応募しよう。パートナーに振られた人は、悲しむ時間を十分に取って、カウンセラーや友達に話を聞いてもらおう。またデートのことを考える前に、自分をしっかり癒やすこと。太ってしまって落ち込んでいるなら、動くきっかけをくれる簡単な運動アプリを見つけよう。そして、毎日少しずつ運動量を増やし、フィットネス仲間を見つけて、さらに変身したいなら、食事のプランにも目を通そう。小さな一歩を重ねることで、希望がどんどんふくらんでいく。

6. 信念を持つ。

これは、時間をかけて取り組む、長期的な目標かもしれない。宗教でもそうでなくても何でもいい。頼りになる何かを信じる「信念」を持つことは、誰にとっても必要なことだ。それは、自分の能力や選択を信じることかもしれないし、心の健康のために、毎日のランニングを信じることかもしれない。あるいは、その日のエネルギーを蓄えてくれる栄養のある食生活を信じるのもよいだろう。

希望に満ちた6つのアイデアを、新しい日課に組み込もう。

きっとあなたを元気にし、厳しい状況に置かれたときに頼れる、メンタルの強さと希望をはぐくんでくれるから。

LESSON 8

つながる方法を探そう

SEEK OUT WAYS TO CONNECT

「鳥が歌うのは、答えを知っているからではない。歌を知っているから歌うのだ」

――アフリカのことわざ

人は時折、人生から疎外された気分になるものだ。孤独感や無気力や寂しさに、打ちのめされそうになる日もある。とくにストレスがたまっていたり、疲れていたり、不安を抱えたりしているときは。でも、ウブントゥは教えてくれる。つらい時期には、身を隠しているのではなく、人の思いやりに触れ、なぐさめてもらうべきなのだ。そして、その方法ならたくさんある。

アートも、気分を変える方法の一つだ。さまざまな形態のアートを通じて「思いを伝えたい」「コミュニケーションを取りたい」という願いは、石器時代からあった。初期の壁画を見ていくと、紀元前4万年頃に描かれた動物の形や絵にも出会える。

とくに心を揺さぶられるのは、アルゼンチンのペリト・モレノの近くの洞窟の壁に残された、たくさんの手形でできた絵だ。まるでたくさんの手が過去から「こんにちは」とあいさつしてくれているようにも見える。これは素晴らしいアイデアだ。

自然の美しさと同じように、誰かがつくったアートや音楽や文学も、私たちを元気づけてくれる。触れると、話を聞いてもらえたような、理解してもらえたような、さわやかな気分になれる。多くのアートは、私たちがうまく言葉にできない感情を表現してくれている。

あなたは1枚の絵の前に立ち、心を動かされてハッとした経験はないだろうか？　ひらめきをくれる言葉に感動したことは？　音楽を聴いて、わくわくしたことはないだろうか？　大切なものとまたつながるために、時にはいつもの居場所の外に目を向けなくてはいけない。

1999年、ドゥミ・センダは、若者の支援活動のリーダーとして働くために、ジンバブエから英国に渡った。でも、詩を書くのも大好きで、とくにウブントゥをテーマにしたものをたくさん書いていた。ただ、人に笑われるのが怖くて、書いたものを誰にも見せず、ベッドの下に隠していた。

渡英から5年たった頃、ドゥミはイライラしていた。ビザを更新できるかどうかわからなかったからだ。落ち込み、孤独を感じた彼は、ビザの決定を待つ間、家にこもって夢中で詩を書いていた。そんなある日、ロンドンの自宅の近くで、ジンバブエ人のビジネス会議が開かれることを耳にした。半ば思いつきで「参加してもいいですか？」と問い合わせてみると、「どんなビジネスをしていますか？」と聞かれたので、「ビジネスはしていないけど、詩を書いています」と正直に答えた。すると、驚いたことに主催者は、クリエイティブ業界の代表者として、ドゥミを会議に招いてくれた。

ドゥミは参加すると告げたものの、すぐに後悔した。詩を誰かに見せたことはないし、ましてや人前で読んだことなど一度もなかったからだ。もし笑われたら？　バカにされてしまったら？　そんな不安を抱え、緊張で震えながらも、ドゥミは大勢の前に立って、詩を朗読した。すると観客から、夢にも思わなかったような反応をもらった。拍手喝采されたばかりか、あとでみんながわっとそばへ来て、「おめでとう！」「これからも書き続けてね」と励ましてくれたのだ。

ドゥミは、詩を披露したことで自信がついた。さらには、今まで経験したことのない形で、人々とつながったのを感じた。つながりは、心を開くことから生まれる。自分の大事なアートをみんなに紹介すると決めたとき、彼は心を開いたのだ。

ドゥミはその後も詩を書き続け、それからわずか数年後に、作品が出版された。今では詩人として世界的な評価を得るようになり、ＢＢＣに招かれてマンデラに敬意を表する詩を朗読したり、国連のゲスト講演者を務めたりしている。勇気を出して、たった一度のチャンスをつかんだことで、自分のアートがみんなと分かち合うほど素晴らしいものだ、と気づいたのだ。そして、人生を変えるほどのご褒美をもらった。

ナイジェリアの小説家、チヌア・アチェベはこう述べている。

「アートとは、人間が自分自身のために、与えられた現実とは異なる現実を生み出そうとする、絶え間なき努力である」

一体感が喜びを生み出す

音楽や歌は一体感をくれるし、健康にもよいことが証明されている。とくに効果がはっきりしているのは、合唱団で歌うことだ。大勢で歌うのが心身によいことは、科学的な研究からも明らかにされている。*

複数の研究によると、合唱すると血中の酸素濃度が上がり、免疫力が高まって、血圧が下がり、ホルモンが調整されて、脳卒中で傷ついた脳の治療にも役立つという。** オックスフォード大学の研究によると、音楽の演奏に参加すると、幸福感をもたらす「エンドルフィン」が分泌されて、痛みを感じにくくなる。*

それもあって、心の病に苦しむ人たちには、治療として、合唱団への参加が勧められている。音楽は感情を伝える方法の一つだ。声をそろえて歌えば、人は根っこの部分でつながり合い、励ましや刺激をもらって幸せな気分になる。ライブを観ているときでさえ観客が一体感を覚えるのは、どんな人も、共に過ごす時間を大切に思っているからだ。こうして娯楽や喜びという形で連帯感を味わうのも、ウブントゥなのだ。

スポーツも世界を一つにする力だが、とくに人気があるのはサッカーだ。世界中でサッカーを応援したり観戦したりする人の数は約40億人に上るが、そのルーツは2世紀の中国までさかのぼる。

音楽もそうだけれど、スポーツの人気が高い理由は、人を心地よくする要素があるから。あるチームのファンになれば、コミュニティの一員になれるから、すぐに身内意識を味わえる*。

英国のノッティンガム・トレント大学の研究で、「地域社会や家族と、どの程度つながりを感じますか?」と4000人の人に尋ねたところ、幸福度と、スポーツチームや合唱団といった集団とのつながりの間には、明らかな関連が見られた。

また、スポーツは世代を超えられる。試合には家族みんなで夢中になることが多いから、スポーツ好きは祖父母から孫へと受け継がれ、人生を通して変わらないものが手渡される**。あるチームのファンはたいてい、子どもの頃からずっと応援しているものだ。人生でこれほど長続きするものも、そうそうないだろう。

ちなみに、私の家族のように楽しく張り合うのもお勧めだ。うちの家族はそれぞれ、プレミアリーグの別のチームを応援している！　でも私たちは、こうしてつながり合っているのだ。

とくに男性のスポーツファンにとって、試合は感情を表現できる貴重な場所だ。ノッティンガム大学のアラン・プリングル博士は、イングランドのあるクラブのファンを研究し、そう確認した。ニュースサイト「ハフィントン・ポスト」の記事に、博士は書いている。「サッカーは、感情を表現しても（泣いたり、ほかの人と抱き合ったりしても！）受け入れてもらえる、安全な場を提供している」。よくない点を挙げるなら、負けるとがっかりすることだけど、勝てば勝利を分かち合える。声を張り上げて応援することほど、心がすっきりすることはない。

チームを応援すると、自分も味方を得た気持ちになれる。だから、ネルソン・マンデラがラグビーの南アフリカ代表チーム、「スプリングボクス」を応援すると決めたとき、新たな歴史が生まれたのだ。大統領になってすぐ、マンデラは、１９９５年のラグビー・ワールドカップ――アパルトヘイト崩壊後に、南アフリカで初めて開かれた大きなスポーツ大会――を利用して、国内の強硬派の白人たちとの関係を大きく改善した。

決勝戦は、ヨハネスブルクのエリスパークで、白人の特権階級の味方だとされていた「スプリングボクス」とニュージーランドの「オールブラックス」との間で行われた。当時は緑色と黄色のスプリングボクスのジャージは、白人の特権と黒人への弾圧の象徴だとされていたから、多くの人たちから嫌われていた。ラグビーはアフリカーナ（訳注：南アフリカに住むオランダ系の人たち）のスポーツだと目されていたから、南アフリカの黒人の中には、「あえてオールブラックスを応援する」という人たちまでいた。だから、マンデラが次にしたことは、本当に素晴らしかった。

南アフリカが決勝戦に勝つと、マンデラは、スプリングボクスのシャツとキャップを身に着けてフィールドに現れた。そして、スプリングボクスの主将で、ブロンドヘアのアフリカーナであるフランソワ・ピナールに優勝トロフィーを手渡した。ピナールはびっくりした顔をして、目に涙を浮かべた。観客席のアフリカーナたちも熱狂的な声を上げ、自分たちのユニフォームに身を包んだかつての敵に、声援を送った。

マンデラのメッセージは明快だった。すべての人と心を一つにしたのだ。そこには、過去に自分を迫害した人たちも含まれていた。南アフリカ代表のジャージを着るというマンデラの選択は、ウブントゥを体現していた。

チームのシャツを着たマンデラの映像は、全世界に配信された。あの決勝戦は、2つに分裂した国を一つにまとめ、「虹の国」の深い傷を癒やすのに大きな役割を果たした。

読書と教育がつながりを生む

読書は私たちをより大きな概念や考え方とつなぎ、広い世界について教えてくれる。文学作品を読んで気づくのは、自分が今向き合っている人間の性《さが》もさまざまな試練も、何世紀も前の人たちがすでに経験していた、ということ。それを知ると、心が深くなぐさめられる。

英国の小説家ジェーン・オースティンが1800年代に書いた小説から愛について学ぶにしろ、1600年頃にシェイクスピアが書いた『ハムレット』から裏切りについて学ぶにしろ、文学は、人間とはどういうものかを教えてくれる（ネタバレ注意：人間は、あまり変わっていない！）。

名作が長年にわたって読者に愛されるのは、時空間の隔たりを超えて語りかけてくるからだ。そう、私たちが誰であっても。よい本を手に取ると途中でやめられなくなるのは、「理解してもらえた」「素晴らしい物語とつながった」という感覚が病みつきになるからだ。もっともっと読み進めたくなる。

本はほかの人たちを理解し、自分の人生の意味を理解する手助けをしてくれる。

「教育は世の中を変えるのに使える、何よりも強力な武器だ」とマンデラは言った。

チヌア・アチェベは、こんな言葉も残している。

「今日の私たちをつくっているのも、歴史をつくっているのも、口述《ストーリー》で歴史を伝える語り部《テラー》である」

「ラップデスク・カンパニー」は、南アフリカの社会起業家、シェーン・イメルマンが立ち上げた企業で、アフリカ全土で学びを推進するプロジェクトの一翼を担っている。アフリカ大陸で学校に通う9500万人以上の子どもたちには、教室机がない。だから、この会社が製造する持ち運びのきくラップデスク（訳注：ひざに載せれば学習スペースを確保できる、プラスチックの板）は、子どもが学校に通う間ずっと壊れないように、丈夫でリサイクルのきく素材でつくられている。

２００８年、ラップデスクは名前を「ツツデスク」に変えた。祖父がこの会社の後援者となって、「２０２５年までに、アフリカ大陸全土に２０００万枚のデスクを供給する」と約束したからだ。

ツツデスクは、生徒たちがどこにいても、クラスを超えて一つになり、つながり合う助けになっている。ツツデスクがあれば、どこにでも座れるし、きちんと授業を受けられるからだ。デスクのおかげで勉強しやすくなり、試験の結果を見ると、読み書きの力がすでに大きく伸びている。

これはほんのささやかな試みだが、大きな変化を生み出し、学ぶ喜びと無縁だったかもしれない子どもたちの人生に、ウブントゥの精神をもたらしている。

外に目を向け、つながりを見いだそう

自然も、私たちを一つにできる大きな力だ。しかも、自然はタダだ。真っ暗な夜に星や月を見上げる、海に沈む夕日にうっとりする、雨上がりの森のにおいを楽しむ……。どれ

もこれも、私たちの五感に働きかけてくる。

多くの研究が示しているのは、外へ出て自然の中に身を置けば、元気が出るし、前向きな気持ちになれること。1993年のスウェーデンの研究報告によると、心臓手術から回復中の患者たちに窓から見える自然の写真や、抽象画や、殺風景な壁などを見せたところ、水や木といった自然の風景を見ていた患者は、不安がやわらいで痛み止めをあまり必要としなかった。*

私の場合、現実逃避したいときはビーチへ行く。海は、人生がどういうものかを完璧に表現している。圧倒的で、計り知れないけれど、心からわくわくする。波に翻弄されると、子どもに戻ったような気持ちになれる。何の責任もなく、ただ目の前の海を楽しめばいいのだから。海に入っている間は、自然と一つになれる。もちろん、優位に立っているのは自然のほうだけど。海の大きさや激しさに、「私は何てちっぽけな存在だろう」「自分なんて、はるかに大きなシステムの一部にすぎない」と思い知らされる。ビーチで腰を下ろし、海を見つめていると、これほど膨大な海で「泳げる」と思っている自分に驚かされる。そして、静寂の中で思うのだ。実際に海に入って、私と同じことを考えている人たちが、ほかにもいるのではないかと。

水泳ほど肉体は使わないけれど、別の意味で難しいガーデニングも、自然と密に触れ合う手段として、多くの人を引きつけている。ガーデニングもよい運動になるし、クリエイティブな活動だ。太陽などの自然光は、心の健康によいことが知られている。

英国の慈善団体「ガーデン・オーガニック」が率いる「Food Growing in Schools（学校での食物栽培）」プロジェクトチームの報告によると、学校で栽培プログラムに参加する子どもたちは、素行が改善され、自己肯定感が高まり、健康的な食生活に前向きになっていく。*

アフリカには、こんなことわざがある。


「自分が成長を見守ってきたものを、恐れる人間はいない」


ウブントゥは教えてくれる。人に共感するためには、つながりを感じる必要がある、と。日々の生活で充足感や満足感を覚えるには、一体感が必要なのだ。

周りの人たちと心が通えば、「私も社会の一員だ」と感じられるけれど、もっと静かな方法でつながりを感じることもできる。たとえば、並木のある公園に座る、屋外で泳ぐ、といったことでも、同じ効果が得られるだろう。

あなたが今、何らかの理由で一人でいるなら、今日何か新しいことを試してみよう。すべての人が「素晴らしい」と感じる方法で、もう一度つながってみてほしい。

日記を書くことで、自分を発見しよう。

『ずっとやりたかったことを、やりなさい。』（邦訳：サンマーク出版）の著者、ジュリア・キャメロンは、「朝一番に少し時間を取って、『モーニング・ページ』に、自分の意識の流れをありのままに書きなさい」と勧めている。意味の通った文章でなくても、書くことで、自分が心の中で感じていることと再びつながることができる。目的は小説や詩を書くことではなく、自分が抱えている思いをどんどん書き出して、頭の中を掃除するように雑念を含めたあらゆる思いをすっきり手放すこと。考えすぎてはいけない。頭に浮かんだことを書き出して、すべてを手放そう。ジュリアは、「朝、スマホやパソコンの画面を見る前に書きなさい」とアドバイスしている！

自分の望みを満たしたいなら、はっきり伝えよう。

「評価されてない」「求められてない」「話を聞いてもらえない」と感じているなら、そろそろはっきり言うべきだ。必ずしも簡単なことではないけれど、状況を変える力になるだろう。まず、自分が何に悩んでいるのかを考え、それから「私はこの感情を自由に操れる。だから、何とかするかどうかは私次第だ」と決めよう。次に、自分の気持ちや、自分が受け取っていないものをはっきり伝える努力をしよう。もしかしたらあなたは、「パートナーが大切にしてくれない」「同僚がきちんと仕事をしない」といった不満を抱えているかもしれない。ほかの人たちに、あなたを助けるために何ができるのか、具体的に伝えよう。

心を開こう。

心を開いて人とつながれば、感情がわき立つだろう。それはいいことだ。お気に入りのチームを応援するなら、声援を送り、叫び、今この時を楽しもう。音楽を聴くなら、歌詞に共感したり、曲の盛り上がりに合わせてわくわくしたりしよう。悲しい気分のときには、きっと元気になれるだろう。同じように、友達や大切な人と心を通わせ、自分の望みを満たしたいなら、思い切って自分の思いを表現しよう。心を開けば、正直なあなたが現れるから、相手も前向きな反応をくれる。こちらが心を開けば、相手もあなたのそばにいたがるだろう。心を開けば、深くつながるチャンスが得られるのだ。

創造力《クリエイティビティ》とつながろう。

人は何かをつくるのが大好きだ。ひらめきに満ちた瞬間には、「フロー」に入れるだろう。フローとは、今していることに没頭している状態のこと。そんなときは、クリエイティビティとしっかりつながっている。またフローを体験したいと思うなら、次の5つのことを試してみよう。

1. パソコンやソーシャルメディアから離れよう。
2. 近所にあるのに行ったことがない場所を訪れよう。地元で開かれている展覧会や、名所に足を運ぶのもお勧めだ。
3. 安い白紙のメモ帳を買ってきて、いたずら書きをしたり、好きな言葉を書いたり、思いついたアイデアを書き留めたりしよう。
4. 両手を使って何かをしよう。たとえば、ケーキを焼いたり、庭に種を植えたり、子ども用粘土で子どもたちと（いや、子どもたち抜きでも！）遊んだりしてみよう。今この瞬間に没頭し、楽しむこと。
5. 自分以外の何かからひらめきをもらおう。好きなアーティストのことを調べたり、図書館でお気に入りの作家の本を借りたり、「TEDx《テデックス》」（訳注：世界的講演会TED《テッド》の精神を受け継いで、世界各地で行われるイベント）のクリエイティビティに関するプレゼンテーションを観るのもよいだろう。

LESSON 9

「許しの力」を身につけよう

THE POWER OF THE F-WORD-FORGIVENESS

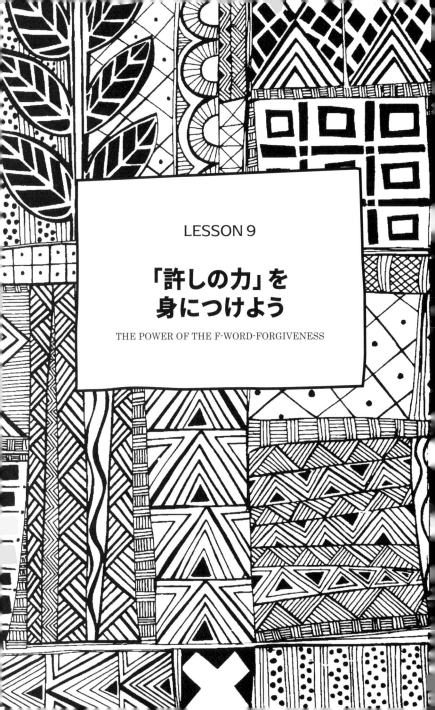

「弱い人間は、決して人を許せない。許しとは、強い人間が持つ資質なのだ」

——マハトマ・ガンディー

「許し」の定義は、人によって違う。ある人にとって、許しとは一度きりの決断だ。その場で許すことを選んで、また歩き始める。でも、もしかしたらそれは、ささいな出来事への許しだったのかもしれない。同僚が会議に必要なものを準備し忘れたとか、先生がうっかり採点ミスをしたとか。それならあっさり、「許そう」と決められる。

けれど、もっとひどいことをされた場合は、許しはつらくて長い旅になるだろう。「許そう」と何度も決め直さなくてはならないからだ。人を許すには、打たれ強さも勇気も必要だ。

ウブントゥは言う。許せば、自尊心や尊厳を取り戻せる、と。ウブントゥの精神は、「外に働きかけよう。ひとりぼっちで苦しんでいてはいけない」と教えている。ウブントゥによると、許しは私たち全員――一人一人はもちろんのこと、コミュニティ全体――のためになる。許しは、怒っている人の心にもう一度平和をもたらし、私たちみんなの人生にも平和をもたらしてくれる。

許しはキリスト教の一番大事な教えだけれど、信仰を持っているかどうかは関係ない。心理学的に見て、誰かを許すという選択には心を浄化する力があるから、誰にとってもメリットがあるのだ。私たちは、自分がされたことよりはるかに深刻な被害を受けたのに、相手を許した人たちを見て、心を揺さぶられる。

とはいえ、許しとは「言うは易く、行うは途方もなく難し」なのである。

「許し」というレッスン

プライドや独りよがりな考えが、たいてい許しを妨げている。人はひどいことをされると、腹を立て、傷つき、イヤな気分になるのは当たり前だ、と考える。とくに、自分を傷つけた相手が、自分のしたことをわかっても反省してもいない様子なら。「ひどいことをされたのだから、恨んで当然でしょう?」これが自然な反応だ。

たしかに1日、1週間、いや1ヵ月くらいなら、腹を立てて当然だろう。でも私たちの誰もが、過去の大きな古傷を、いつまでも手放せずにいるのはどうなのだろう? 愛する人に裏切られた、親に失望した、犯罪の被害に遭った、組織に人生を狂わされた……。

もし許さないことを選べば、一体どうなるのだろう?

マヤ・アンジェロウは述べている。

「苦しみはがんに似ている。宿主《あるじ》を食い尽くしてしまう」

許さなければ、苦しいのは自分自身だ。傷ついた出来事や当時の気持ちを追体験し、苦しみに浸っていたら、いつまでも痛みが癒えなくて、どんどんつらくなるだろう。根深い傷を抱えている人は、誰にも言わず、痛みを握りしめている。「恨んで当然でしょ」と思っているけれど、そんなことをしていたら、つらい過去に閉じ込められてしまう。許さずにいると、怒りがくすぶり続けるからだ。

許さないという選択は、ほかの人たちへの評価も曇らせてしまう。パートナーに裏切られたら、その後つき合う全員を疑うことになるかもしれない。同僚にひどいうわさ話を広められたら、「もう和気あいあいと働くなんて無理だ」と思い込んでしまうかもしれない。

過去の出来事は変えられないし、ほとんどの場合、自分を傷つけた相手に復讐することもできない（ウブントゥは、「どんな場合でも、復讐するとさらに悲惨なことになる」と教えている）。その結果、何度も何度も傷を追体験して、苦しむ羽目になる。

では、ひどいことをされた後遺症にまだ苦しんでいるのに、どうやって許せばいいのだろう？　許すには、スーパーマン並みの努力が必要な気がする。そんなこと、無理なのではないだろうか？

許せない相手を許す

「デズモンド・ツツ平和センター」の広報ディレクターだったイングリッド・ヴォン・スタインは、許し難い行為を許すという素晴らしい決断をした。

1980年代半ば――イングリッドがツツ平和センターで働き始める10年ほど前――のこと。彼女は4人の若者に襲われ、暴行されて殺されかけた。男たちは逮捕され、刑務所に送られたけれど、彼女の頭の中は長年、犯人たちへの憎しみでいっぱいだった。

事件への怒りしか感じない日々だったけど、彼女は黙って苦しんでいた。「誰にも言えない」と思っていたのは、被害者だと知られたくなかったからだ。みんなの見る目が変わってしまうのがイヤだった。

だから、イングリッドはひそかに苦しみを抱え、事件を恥ずかしく思ってさえいた。

そんなある日、彼女は友人である私の祖父と、2人でおしゃべりをしていた。祖父も当時はとてもつらい状況にあり、イングリッドを信頼して秘密を打ち明けようとしていたから、突然こう言った。「イングリッド、私たちは一卵性の双子みたいだ！」

イングリッドは笑って、「何で？」と聞いた。2人はまったく似ていなかったから、「見た目が全然違うでしょ」と。

「たしかに！」と祖父は叫んだ。「でも、そっくりなんだ！」

つまり祖父は、見た目は違っていても、痛みに耐えている人間同士だ、と言いたかったのだ。

このとき、祖父との距離がぐっと縮まったことで、イングリッドも悩みを打ち明けられる気がして、犯人たちへの憎しみを吐き出した。もう傷と怒りで身動きが取れなくなって、どうしたらいいのか、誰に相談すればいいのか、わからなくなっていた。祖父は「あなたが怒りを感じるのは当然だよ」とうなずいたけれど、「事件を乗り越える努力をして、彼らを許してあげてほしい」とお願いした。

イングリッドにとってそれは、とうてい受け入れられないことだった。心身共にこんなに苦しんできたのに、一体どうやって許せばいいの？　絶対に無理……。

それから数ヵ月にわたって、2人は何度も何度も話し合った。そしてある日、祖父がイングリッドに聞いた。「加害者がどんな気持ちでいるか、考えたことはある？」

その言葉にイングリッドは怒り狂ったが、祖父は落ち着いていた。そして、説明した。「あなたは怒りを吐き出さなくてはいけないよ。でも同時に、心に留めておかなくてはいけない。加害者もただの人間なんだよ」

「あんな人たちのいいところなんて、見つかるわけがない」とかたくなに信じていたから、イングリッドはどうやって前に進めばいいのかわからなかった。そこで祖父は、ある団体と連絡を取るようアドバイスした。刑務所制度の中で、和解を促す活動をしている団体だった。

「許すが勝ち」

アフリカには、こんなことわざがある。

苦しくて身動きが取れなくなっていたイングリッドは、進行役がいるミーティングで、加害者と会うことを受け入れた。一度に4人に会うのは無理だと断ったけれど、加害者のうちの2人は彼女に会う気がまったくなかったので、残った2人と、一人ずつ会うことにした。祖父とじっくり話をしたイングリッドは、「相手が謝罪するかどうかは気にしない」と決めた。ただ、相手を人間として見る努力をしたい、と思った。

そうして勇気を出して、加害者の一人に会った。身震いしながら「一体どうなるのだろう?」と思いつつ、加害者の前に座ったが、相手の目をのぞき込んだ瞬間に、じっと見つめ返してくる男性――一人の人間――と出会った。

2人は話を始めた。イングリッドは、男性がケープタウンのドラッグまみれの極貧の町で育った話を聞いた。彼は暴力と虐待で、ひどい子ども時代を過ごしていた。イングリッドの子ども時代とはかけ離れていたけれど、似ている部分もあった。男性の親もイングリッドの親もアルコール依存症で、プライバシーなどほとんどなかった。イングリッドが子どもの頃、父親の感情のはけ口にされていたように、男性もサンドバッグにされて育った。彼女は初めて、加害者に共感できるものを感じた。

その後、頭がくらくらしてきたので、イングリッドは話し合いの場から離れた。ただし、許せない気持ちで会いにいったはずが、以前なら「あり得ない」と思っていた感情を抱いている自分に気づいた。そう、加害者への同情だった。

もう一人の犯人とも同じような会話をしたあと、イングリッドは安心感に包まれた。それが「許し」だったのだ、と気づいたのはしばらくしてからだ。

イングリッドは私に言った。「あのとき荷物を手放したことで、残りの人生の旅が、はるかに身軽で、また楽しめるものになったのよ」と。

許すと自分が幸せになれる

周りの人たちは、許せるように手を貸すことはできるけど、自分のペースで許せるよう、自分の気持ちを尊重することが大切だ。「許しなさい」と無理強いされた気分になるのはよくない。許すにはメンタルの強さが必要だし、心の底からの、本当の許しでなくては意味がないからだ。

同じように、自分が過去にした失礼な行為を許してもらいたいときも、「許してもらえて当然だ」と考えてはいけない。自分の気持ちが晴れるからといって、誰かの許しを期待すべきではないのだ。

誰かを許すときは、自分を傷つけた相手のためにではなく、自分自身のために許すのだから。

ＴＲＣは、「透明性」がこれまでにない規模で徹底された、誠実な事例だ。ＴＲＣの基本的な考え方は、「許しが効果を発揮するためには、真実が一つ残らず求められる」というもの。南アフリカの歴史を振り返っても、あれは苦難の時期だったから、決して楽なプロセスではなかった。

人々は時折「直接許すなんて無理だ」と感じていたけれど、そこにTRCの存在価値があった。TRCは許しのシンボルであり、一人一人が許せなくてもがき続けていても、TRCの活動によって、国は前に進むことができた。とはいえ、TRCは人々に「過去にされたことは忘れて、前に進みなさい」とただ諭していたわけではない。「国家のために、物語全体に耳を傾けよう」と励まし続けていたのだ。

マシュー・ゴニウェは、いわゆる「クラドック4《フォー》」と呼ばれる4人の男性の一人だった(彼らが暮らした「クラドック」という町の名前から、そう呼ばれるようになった)。マシューの物語は、『赦すことはできるのか~南ア真実和解委員会の記録~』というドキュメンタリー映画で語られている。

1985年、反アパルトヘイト活動家だったフォート・カラータ、スパロー・ムコント、シケロ・ムラウリと共に、マシューはポート・エリザベスの外に設けられたバリケードで、治安警察に呼び止められた。そして殺され、遺体を焼かれた。マシューは教師としてもコミュニティ・リーダーとしても人気があったから、事件に対する激しい抗議が巻き起こった。

TRCでは、殺人に関与したアフリカーナの警察官、エリック・テイラーが証言した。「私はバリケードのところで、彼らに車から降りろと命じた5人の警官の一人です」。マシューらクラドック4はその後、警官たちによって鉄製の物で頭蓋底骨を殴られ、身体に火をつけられた。

TRCでテイラーは、殺害で自分が果たした役割と、当時のゆがんだ視点について語った。犯行当時は被害者のことを「神を信じない共産主義者だから、追い回して当然だ」と考えていた。テイラーは、「『ミシシッピー・バーニング』という映画（訳注：1960年代にアメリカで黒人の公民権活動家が殺害された事件をモデルにしている）を観て、自分のあり方が間違っていたことに気づきました」と話している。

この証言は、マシューの死に打ちのめされていた妻のニャメカ・ゴニウェにとっては、ほとんどなぐさめにならなかった。フランシス・リードとデボラ・ホフマンが監督した『赦すことはできるのか』の中で、ニャメカは語っている。「私は彼の罪を許すつもりはありません。彼が自分の気持ちを軽くしたいとしても、それは私の役目ではないからです。真実和解委員会を利用すればいいのではないでしょうか」。つまり、テイラーを直接許すことはできないけれど、TRCにも、TRCが成し遂げようとしていることにも敬意を払っている、という意味だ。

心に留めておく必要がある。許しは心を軽くしてくれるばかりか、健康にもよい。[**] 怒りや恨みや苦しみは、実際に身体に影響を及ぼすのだ。そうしたネガティブな感情が免疫システムを妨げ、病気にかかりやすくし、心的外傷後ストレス障害（ＰＴＳＤ）になるリスクを高める。ＰＴＳＤとは、身体的または精神的なトラウマを経験したあとに発症し、交感神経系が自分に戦うか逃げるかを迫る「闘争・逃走反応」が引き起こされる状態のことだ。

ＰＴＳＤの症状には、不眠症、怒りの爆発、無感覚、心身の緊張などがある。研究によると、許しを学ぶことや、許す努力を続けることで、そうした症状をやわらげることができる。簡単に言えば、許しは私たちがさらに幸せで、さらに健康的な人生を生きる助けになるのだ。

許しで未来が始まる

あなたが「許したいけど許せない」と葛藤しているなら、ほかの人を参考にするのも一案だ。ウブントゥとは結局のところ、ほかの人たちの中に自分自身を見いだすこと。一人でできないときは、誰かに励ましてもらおう。

ネルソン・マンデラは、自分がされた許し難い行為を許せる人物のよい例だ。

彼が南アフリカの大統領に就任したときのこと。「就任ディナーに招待したい人のリストを提出してください」と言われた彼が、かつての看守、クリスト・ブランドを招いたことに、あぜんとした人たちもいた。その頃には、2人はよい友達になっていたのだ。この関係がみんなに知れ渡ると、南アフリカの人たちは改めて考えるようになった。「私も、ひどいことをした人たちを許せるかもしれない」と。

デズモンド・ツツ大主教は言う。

「許しのないところに未来はない」

こと許しに関しては、あらゆるケースに効く万能策はない。面と向かって許せる場合もあれば、象徴的な意味での許しなど、さまざまな形が考えられる。

大虐殺が行われたルワンダでも、大規模な許しが求められていた。言葉にできないほどの出来事に見舞われて、人々は苦しみ続けていた。多くの人が、愛する人々をひどい暴力で失ったからだ。しかも、自分の目の前で。

多くの人にとって、「許す」なんてとても考えられないことだったが、「Cows for Peace（平和をもたらす雌牛）」というプロジェクトを通して、許せるようになった人たちもいた。このプロジェクトを立ち上げたクリストフ・ムボンインガボ*は私に、「ルワンダでは、雌牛は人から人への素晴らしい贈り物だと考えられているんです」と説明してくれた。雌牛は富と繁栄の象徴であり、このプロジェクトでは、許しの象徴にもなったのだった。雌牛は世話が必要で、たいていの場合、家族総出で世話をしなければならない。つまり雌牛の世話は、人々をまた一つにするとても有意義な方法だった。

「ティアファンド」の支援を受けて、虐殺の生存者と加害者が協力して雌牛の面倒を見た。そして被害者は加害者に、許した証《あか》しとして雌牛をプレゼントするよう勧められた。

このプロジェクトは大成功をおさめ、「口をきくなんて無理だ」と何十年もいがみ合ってきた隣人同士がまた話せるようになった。こうしたサクセスストーリーは、周りの人たちにも影響を及ぼした。許し許される様子を目にする人が増えるにつれて、「私も許そう」と考える人たちが増えていった。

そろそろ自分を許してあげよう

あなたの境界線にずかずか踏み込んでくる人たち――元パートナー、毒親、思いやりのない上司、心の狭い隣人――が一夜にして天使に変わることはない。イヤなことをしてくる人がいて、しかもすぐそばで過ごさなくてはならない場合は、何度も許し続ける必要があるかもしれない。

あるいは、二度と傷つかずにすむように、「境界線を設けなくては」と考える人もいるだろう。それでも、何より難しいのは自分自身を許すことではないだろうか。とくに、過去の失敗を後悔している場合は。

もしかしたらあなたは、「人生の選択を誤った」と感じているかもしれない。不向きな仕事を選んだり、自己肯定感がボロボロになるようなパートナーを選んで何年も無駄にしたり、ある選択のせいで何度も傷つく羽目になったり。人生の失敗につながる要素を挙げれば、きりがないだろう。

でも、大事なことを言おう。私たちは誰だって間違えるのだ。それが人間だから。ほかのみんなと同じように、あなたもよくヘマをするなら、お互いに言い合おう。「あなたはただの人間なんだよ」と。

自分の人間らしさを否定するのではなく、受け入れるべきだ。間違いは人間の証しなのだから。わざと間違った道を選ぶ人などいない。誰もが、その時点で最高の知識に基づく最善の選択をしている。私も、自分が楽しく過ごせそうな大学を選んだけれど、間違いだったとわかって、一からやり直したことがある。でも、人生の選択をわざと誤ったわけではない。

友達や大切な誰かが間違えたときは、許して見守ることができるのだから、自分のつまずきも、同じ目で見守ってあげるべきだ。自分の失敗をいつまでも苦々しく思ったり、自分を許せなかったりするのなら、こう問いかけてみよう。「わざと間違えたの?」と。きっと「いいえ」と答えるだろう。

自分で自分をダメにするような行動を取った場合は、自分にこう尋ねてほしい。「何でそんなことをしたんだと思う?」。自分に、じっくり考える時間を与えよう。

許しとは、複雑なものだ。「許したいけど許せない」自分を、許す必要さえあるだろう。でも、覚えておいてほしい。心にウブントゥがあれば、どんなことだってできるのだ。

あなたが今、ひどい恨みを抱き、「許すなんて無理だ」と感じているなら、許しのきっかけになるアイデアをいくつか挙げよう。最初は傷そのものに負けないくらいの痛みを感じるかもしれないが、長い目で見れば、取り組んでみる価値はある。

ステップ1　まず、自分自身を許そう。

あなたは、自分を傷つけた誰かのことを怒っているだろうか? そして、「怒って当然だ」と感じている? もしそうなら、あえてその感情を味わおう。30分ほどかけて、「ひどいことをされた」と感じている、すべてのことを書き出そう。相手がしたこと、自分がそのあとどう感じたのか、自分が今も握りしめているネガティブな感情など、すべてを書き出すのだ。そして、声に出して読もう。そのあと、「そう感じている自分自身を許します」と自分に伝えること。そして、その紙は、捨てたほうが気分がいいなら捨ててしまおう。抱えている怒りが爆発しそうになるたびに、これをやってほしい。

ステップ2 許すことのあらゆるメリットを考えよう。

許せば、身体が楽になるだろうか？ 他人にされたことをあれこれ考えなくなって、別のことを考える余裕ができるだろうか？ 怒りを手放せば、今より幸せになれる？ 「許しの道を選ぶべきだ」という自信が持てたら、そろそろ次の段階へ進もう。

ステップ3 許しに向けて取り組もう。

許すのはそう難しくなさそうだ、と感じるなら、キャンドルを灯し、ひどいことをした人を思い浮かべて、声に出して言おう。「あなたを愛します。あなたを許します。恨んでごめんなさい」と。許すのはかなり大変そうだ、とわかっているなら、許し方をさらに深く掘り下げよう。ウブントゥのエッセンスである、「相手の身になって考える」を実践するのだ。その人の境遇に思いを馳せ、「あの人は、なぜそんな選択をしたのだろう？」と考えよう。相手の視点で見る努力をすれば、怒りのエネルギーはたいてい共感に変わる。

ステップ4　時間がかかることを受け入れよう。

問題の人物と直接話すなら、まずすべての期待を手放すこと。「許す」というあなたに、相手がよい反応をするとは限らないからだ。もしかしたら、謝らないかもしれない。あなたの決意に敬意を払ってくれないかもしれない。過去のひどいふるまいを思い出させたことで、口をきかなくなるかもしれない。でも、別にいいのだ。何も期待しなければ、相手が何をしようがしまいが傷ついたり、がっかりしたりすることはない。許すことを自分の問題にしよう。相手が潔い姿勢を見せてくれたら、「思いがけない贈り物」だと考えよう。

ステップ5　前に進み続けよう。

許したことでお互いに心が通じ合う場合もあるが、一方通行で終わることもある。でも、どちらでも構わないのだ。古傷がまた痛み出したら、「ステップ2」に戻り、許しがくれる、よい気分に目を向けよう。なぜ許しの道を選んだのかを思い出すのだ。また傷に目を向けている自分に気づいたら、声に出して言おう。「私は別の考え方を選びます」と。長い散歩に出かけたり、友達に話を聞いてもらったり、許しにまつわる本を読んだりしよう。傷にエネルギーを注ぐのをやめて、別のことに心を向け続ければ、いずれこだわりも溶けていくだろう。

LESSON 10

みんなの「違い」を受け入れよう

EMBRACE OUR DIVERSITY

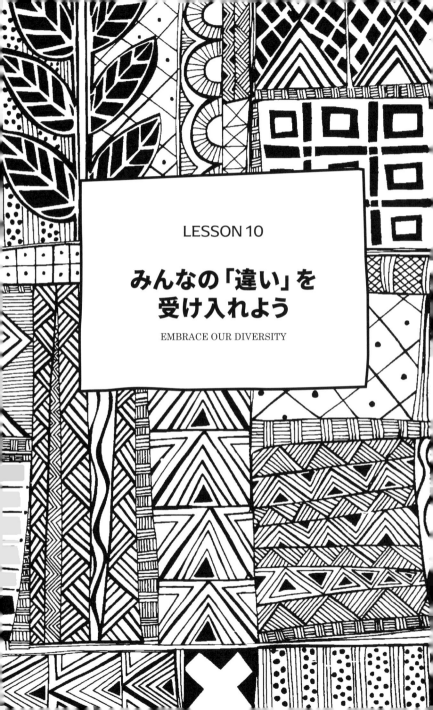

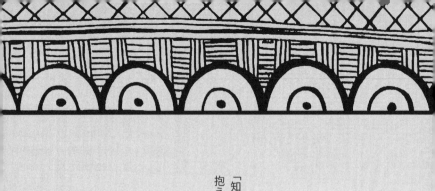

「知識とは、バオバブの木のようだ。一人で両手を広げても、とても抱えきれない」

――アフリカのことわざ

私たち人間は、８００万以上のほかの種と地球という住まいをシェアしているが、私たち自身もかなりユニークな存在だ。国の数は約２００——公式な数字はさまざまだが——に上り、約６５００もの話し言葉を持ち、無数の文化の違いがある。そんな私たちの共通点と言えば、もちろん多様性である。

しかし、この多様性に、私たちの多くは恐れを抱く。食べたことのない料理、聞き慣れない音楽、よくわからない宗教……なじみがないものやわからないものへの反応は、「背を向ける」になりがちだ。ただ「違う」というだけで、進んで嫌いになることさえある。だからウブントゥは言う。「国や社会の違いはひとまず忘れて、お互いをありのままに見よう」と。私たちは、ここで共に暮らしている人間同士なのだ。

南アフリカの「デズモンド・ツツＨＩＶ財団ユースセンター」では、インターンは「ほかの文化を批判するのではなく、受け入れよう」と教えられる。若者が運営するこのセンターは、ケープタウンにほど近いマシプメレレの多文化社会と共に活動している。そこは、モザンビーク、マラウイ、ナイジェリアといった国々の出身者が住んでいる地域だ。人はみんなそうだが、若者たちも異質な文化にはつい厳しい目を向けがちだ。だから、多様性を受け入れることが積極的に推進されている。

南アフリカ人のインターン、アシシフィが、わかりやすい例を一つ挙げてくれた。「批判はたいてい、知らないせいで生まれます。たとえば、ジンバブエやモザンビークでは、『マタンバ』というとても小さな魚を食べます。ぼくたちは触ろうとさえ思わないこの魚は、栄養価が高くて、手に入りやすい食材だと学びました。ほかの文化をけなしても何の意味もありません。だから、誰かがけなし始めたら、ぼくたちは、『違うんじゃない？』と言うことにしています」

最近、若いインターンたちは、ナイジェリアの音楽についても教わっている。さまざまなリズムを刻むその音楽に合わせて、ナイジェリアの人たちがどんなふうに踊るのかも。セッションの終わりには、みんな大喜びで新しい動きに挑戦し、毛色の違うものを怖がったりけなしたりするのではなく、受け入れている。

多様な集団こそ、強くなれる

多様性を受け入れるには、謙虚さが必要だ。謙虚であれば、時間をかけて共通点を探そうとするから。

祖父は有名人だけど、どんなときも周りの人たちとおしゃべりする時間をつくっていた。どんな境遇の人も、みんなが平等だと感じられる場所を、いつも設けていた。そして、若者にスピーチをするときは、よくこう言っていた。「みなさんは私をＶＩＰ（重要人物）

だと思っているかもしれませんが、私はみなさんのことをVSPだと思っています。そう、Very Special Person（特別な人）です」と。そして、観客全員に「私はVSPです」と何度も唱えさせていた。そのことを、しっかり腹に落とし込んでもらうために。

こうした謙虚な姿勢は、「エルダーズ（長老会）」の議長を務めたときも、祖父の助けになっていた。国際的な非政府団体であるエルダーズは、2007年、リチャード・ブランソンとネルソン・マンデラと英国のミュージシャン、ピーター・ガブリエルのアイデアで設立された。以来、世界中の著名な政治家が集まって、平和のために活動している。

エルダーズの当初のグループは、祖父が議長で、ネルソン・マンデラが創設者で、メンバーには元アメリカ大統領のジミー・カーター、モザンビークの人道主義者グラサ・マシェル、元国連事務総長のコフィー・アナン、元アイルランド大統領のメアリー・ロビンソン、インドの社会改革者であるエラ・バット、元ノルウェー首相で元WHO事務局長のグロ・ハーレム・ブルントラント、バングラデシュの経済学者のムハマド・ユヌスがいた。

このメンバーが年に2回集まって、どんな世界的な目標に力を注ぐべきかを議論するのだ。それから世界中を旅して、問題の当事者たちと話をする。彼らは一般市民の視点にとくに注意を払ってから、リーダーたちと話をしていた。

祖父は、就任イベントで次のように説明した。「伝統的な社会では、紛争の解決や賢明な助言を任されていたのは村の長老《エルダーズ》たちでした。今日、私たちはこの地球村に住んでいますが、地球を導き励ます長老たちはいません」

つまり、そうした長老たちになることが、エルダーズの新たな役割だった。

メンバーはまるで異なる経歴の持ち主だ。畑違いな人たちが集うメンバーの多様性は、それぞれが違うスキルを提供できることを意味していた。それぞれに強みを持っているけれど、おそらくそれぞれが見落としてしまう箇所もある。彼らが協力し合うことで示したのは、さまざまな個性が集まることで、同じ才能を持つ人が集まった場合よりも、ずっと先へ進めるし、ずっと多くのことを達成できることだった。

「私たちは人種のるつぼではなく、美しいモザイクになりました。そのモザイクは、異なる人々、異なる信条、異なる憧れ、異なる望み、異なる夢からできています」

元アメリカ大統領、ジミー・カーターの言葉だ。

謙虚になれば、尊敬できる

プライドやエゴを手放して、謙虚であり続けることを選べば、ほかの人たちを受け入れるのは、さらに楽しく、楽なことになるだろう。

エルダーズの設立イベントで、祖父は、素晴らしい仲間に囲まれて、どれほど恐縮しているかを話していた。「私は黒人居住地区の貧しい悪ガキです。アパルトヘイト地区の生まれなので、時々ふと自分を振り返って、こんなことを言ってしまいます。『どうした？　おまえ？　ヴェンタースドープ出身のおまえが、この人たちと親しくつき合っているのかい？　うそだろう？』とね」

しかし、この謙虚さがこのグループを特別なものにしていた。謙虚さがあれば、どんな多様なグループも一つにまとめられるのだ。

謙虚な姿勢で、ほかの人たちが提供してくれるものに目を向ければ、お互いに学び合える。お互いを対等に見ているからだ。見事なほどの謙虚さが、エルダーズの活動を支えるカギになっていた。メンバーは世界で誰よりもよく知られ、尊敬を集めている人たちだったから。どの人も自分のエゴは脇に置いて、ほかの人たちに心を注ぐことを選んだ。

社会における長老たちは、ふさわしい敬意を払われていないことが多い。王立公衆衛生協会の2018年の報告によると、英国では年齢差別がはびこっている。年長者に対してとくにネガティブな姿勢なのはミレニアル世代（訳注：1980年代〜2000年代初頭に生まれた人たち）で、彼らの4分の1は、「年長者が不幸せで落ち込んでいるのは当たり前のことだ」と考えている。*

若者と年長者では、政治理念やイデオロギーは違うかもしれないが、年配の人たちは豊かな知恵を持っている。若い世代が想像することしかできない時代を実際に生きた年配の世代には、頼りになる知識も経験もある。その人が誰で、どこの出身であっても。

エルダーズは児童婚の反対運動に取り組み、その後、「Girls Not Brides（少女を花嫁にしないで）」という素晴らしいNGOを立ち上げた。これは、エルダーズが世の中に提供できるものがどれほどたくさんあるかを示す一例である。

設立から10年以上たった今も、彼らはコロンビアやジンバブエで和平協定を推進し、紛争地帯を広く旅して、迫害されている人々に希望をもたらし、国民皆保険を提唱している。また、気候変動への対策も、それが「トレンド」になる前から訴え続けている。

違いはあっても、みんな人間

「他人」を批判するのをやめれば、私たちは驚くほど強くなれる。私たちは、自分や他人を別個の存在ではなく、人間社会の一員だと考えなくてはいけない。それができることが、人間の素晴らしい資質の一つなのだ。

こんな研究結果があるくらいだ。人は、ほかの人が傷つけられているのを見ると——まったく知らない人だとしても——自分自身が傷つけられているかのように、脳の同じ部分が活性化される。* こうした調査結果は教えてくれる。ニュースで自然災害が報道されると、それが世界のどこで起こっていようと、寄付がどっと集まる理由を。ウブントゥが力説しているように、人間はほかの人たちを大切にするようにできているのだ。

つまり、さまざまな違いはあっても、私たちは同じ人間なのだ。たとえ人類を前進させるのが、時として、その多様な個性だったとしても。


２０１１年、チュニジアでは、反政府デモや暴動や反乱をもたらした「アラブの春」の影響で、内戦が起こりかけていた。「チュニジア国民対話カルテット」という、まさかあり得ないと思われていた連合体が結成されるまでは。４つのまったく異なる団体が一つになって、リーダーシップを発揮し、国を暴力から救って、平和へと導いたのだ。

活躍したのは、「チュニジア労働総同盟（ＵＧＴＴ）」「産業・商業・手工業連合」「人権擁護連盟」「全国弁護士会」のいずれかに所属する人たちだった。ここでは、それぞれのスキルがさまざまな能力を生み出し、その多様性が、政治家にはできなかった形で、平和と歩み寄りを実現させた。彼らはこの取り組みによって、ノーベル平和賞を受賞している。そう、彼らはまったく毛色の違うメンバーで構成されていたけれど、誰もが同じ目的のために力になりたいと考えていた。理解と団結、そして何より、国の平和のために。

多様性を喜ばしいものだととらえれば、そして、自分と個性の違う人たちに手を差し伸べれば、とくに地球規模では多くのものが得られるだろう。今はインターネットのおかげで、世界中の人々がかつてないほどたやすく手を差し伸べ、力を合わせ、一つになって取り組むことができる。性別や政治的信条や宗教が違っていても。

「グローバル・シチズン（地球市民）」プロジェクトも、背景を問わずみんなを一つにする、感動的な取り組みだ。このプロジェクトは、「世界中の市民が地球的な視野で考え、変化を起こし、みんなで発言すれば、２０３０年までに極度の貧困を撲滅できる」という考えに基づいている。教育と、人々に力をくれる教育への信頼が、プロジェクトのベースにある。２０１１年以降、世界中のさまざまな国に住む何百万人もの人たちが、貧困、環境問題、女性問題といった世界的な課題に立ち向かう、この取り組みに参加している。

さらには、このプロジェクトから「グローバル・シチズン・フェスティバル」という世界的な音楽フェスティバルも生まれ、南アフリカをはじめ、世界各地で資金を集め、人々の意識を高めている。２０１８年12月には、ネルソン・マンデラの生誕１００周年を記念して、「グローバル・シチズン・フェスティバル：マンデラ１００」が開催された。各国首脳や才能豊かなアーティストが集う、過去最大規模のイベントとなった。

彼らのメッセージは明快だ。「あなたが誰で、どこの出身かは関係ない。誰もが参加できるし、変化をもたらせるのだ」

アメリカの政治家、アドレー・スティーヴンソンのこんな言葉がある。

「人は、アメリカ人やロシア人や中国人として、血を流し、苦しみ、絶望するのではない。みんな心の奥で、人類という単一民族の一員として、苦しんでいるのだ」

誰にでも「差し出せるもの」がある

どうすれば多様性を受け入れられるようになるのだろう？　とくに、誰かの人生が自分たちの人生とかけ離れている場合は。

私は子どもの頃、家族がこの課題に取り組み、「ウブントゥを受け入れる」という選択をするのを見ていた。祖父母は常に「自宅の開放《オープンハウス》」をし、あらゆる人が訪問できて、必要なら泊まれるようにしていた。「自分の家に余裕があって、居場所を必要としている人がいるなら、使ってもらえばいい」と考えていたからだ。

だから、私が学校の寮で暮らしていた頃は、母も両親に倣って、空いた部屋を困っている人たちに提供していた。

20年ほど前、母は「南部のアイビーリーグ」と言われるアメリカの名門校の一つ、ヴァンダービルト大学で、社会の底辺で暮らす人たちの地位の向上について講演を行った。すると、カールという男性がさっと立ち上がって、母の話に異議を唱え始めた。「どうして大学のような特権と権力にあふれる場所で、こんな話をするんですか?」と尋ね、「『歴史的黒人大学(HBCU)』(訳注:アメリカの人種差別政策によって、黒人と白人が一緒に学べなかった時代に、黒人のために設立された歴史を持つ大学)か、教会や公民館で話したほうがよかったのでは?」と言ったのだ。

カールは、「ぼくはホームレスも心の病も経験ずみだから、底辺の暮らしがどんなふうかは知っています」と説明した。

講演のあと、カールと母は少し話をした。カールから「あなたは、社会から取り残された人たちについて、ふさわしくない場所で話し続けているエリートの一人ですよ」と言われて、母も説明した。「私はこういう話を、快適な場所にいる人たちと交わすべきだと思っているし、進んで耳を傾けてくれる人がいるなら、ほかのどんな場所でも話すべきだと思っています」と。それから、エリートだという見方にも反論した。

「でも、あなたのプロフィールを聞きましたよ」とカールが言うので、「あれは私の経歴であって、私がどういう人間かをきちんと説明したものではないわ」ときっぱり答えた。その晩は、そこで会場を後にしたけれど、母はまだカールの厳しい視線を感じていた。

翌朝、母のオフィスに、「あなたがどういう方か知りたいです」とカールから連絡があった。そこから2人は友達になり、母はカールをよく知るようになった。彼はつらい人生を送り、心の病も経験していたけれど、しっかりとした考えを持つ、親切な男性でもあった。母はその後、彼が住む場所を失ったと知ったときには、半年間、部屋を提供していた。

何でも知っている人はいないが、みんな何かを知っている。

これもアフリカのことわざだ。

ウブントゥは、決して一方通行ではない。人に敬意や思いやりを示し、自分の時間や労力を差し出せば、相手もたいてい贈り物をくれる。

母のハウスゲストとなったカールの場合、意外なことに私の弟と仲よしになった。しばらくの間、弟の父親役を務めてくれて、チェスも教えてくれた。何ヵ月かたって、カールが心を病んで入院したとき、「毎日お見舞いに行こうよ」と母に進言したのは弟だった。多くの違いがあったのに、カールとうちの家族は、互いに支え合う本当の仲間になっていた。

では、多様性を受け入れるときに出てくるさまざまな課題に、どう対処すればいいのだろう？　「何か違う」という違和感を、どう克服すればいい？　「理解できない」「協力し合えない」と感じてしまったら？

母が身をもって教えてくれたのは、物事はどう転ぶかわからないのだから、その都度学んでいけばいい、ということ。とにかく、多様性を受け入れてみれば、未知のものがちょっぴりなじみのあるものに変わるから。

「正しいやり方」なんてどこにもない

アフリカ大陸の人たちは、時間を守らないことで知られている。いわゆる「アフリカ時間」だ。これはおそらく「西洋人みたいに、時計に支配されて暮らしたくない」という思いから生まれた文化であり、習慣なのだろう。でも、みんなで一緒に活動するとなると、これではうまくいかない。

英国出身の慈善活動家、エレノア・ライリーは、タンザニアで貧困を緩和する団体「Made With Hope（希望でできている）」*を立ち上げたとき、この課題と向き合うことになった。

エレノアは、資金を集めて学校を建て、きれいな水や持続可能な食べ物やエネルギーや教育を提供したいと考えていた。そこで、タンザニア人のコミュニティのまとめ役、ズーマと協力し合うことにした。草の根レベルで地元の人たちと活動しているズーマを、エレノアは深く尊敬していた。どんなときも、困っているお年寄りや病気の人たちや心が不安定な人たちの力になっていたからだ。貧しいコミュニティで暮らしながらも、ズーマはいつも人に与える何かを持っていたから、エレノアは「団体の設立を手伝ってほしい」とお願いしたのだ。

そしてそのとき初めて、お互いの文化がどれほど大きく違うかを理解した。何とかかじ取りの方法を見つけなくてはならない。ズーマと同僚たちは、欧米式の寄付金の集め方を知らなかったし、欧米人が好むビジネス戦略や時間管理といった概念も理解していなかった。

だから、ズーマはエレノアに、思いやりや、草の根レベルで人々が必要としているものを教え、エレノアはタンザニア人スタッフに、効果的に寄付金を集めるためのルールや、時間を決めて活動することを教えた。その一方で、エレノアは、「アフリカ時間」がとても気に入っている自分に気づいていた。誰もが「結局うまくいく」と信じているから、不安や焦りがないのだ。

正反対のやり方や意見を、「学ぶべきもの」ととらえたら、はるかに前に進みやすくなる。必ずしも賛同する必要はないけれど、考え方の違う人たちを受け入れることはできる。

欧米の学校や職場では、往々にしてうまくいっていることよりも、いっていないことに目を向けるよう教えられる。そう、常に間違い探しをしているのだ。子どもたちは、「みんなと同じやり方で勉強しなさい」と教わるし、職場では、同僚の行動を正しいか間違っているかで判断しがちだ。でもウブントゥは、「もっと広い心を持とう」と励ましてくれる。

誰かが違うやり方をしたからといって――いや、私たちのやり方でやらないからといって――「間違っている」わけではないのだ。誰もが自分の旅をしていて、それぞれが自分の人生経験をベースに、状況に対処しているのだから。

相手がもたらしてくれないものに目を向けるのではなく、「何をもたらしてくれるだろう？」と考えてみよう。大きな会議では何も言わない物静かな同僚が、1対1なら素晴らしいアイデアをくれるかもしれない。つまり、もう少しこぢんまりとした場所に座って、相手のやり方で進める必要があっただけ。あるいは、ついていけないほどの早口でアイデアをまくし立てる人も、紙に書いてもらえば、わかりやすくまとめてくれるかもしれない。

柔軟に自由に対処すれば、みんなの一番よいところを引き出せる。ウブントゥは教えてくれる。誰もが提供できる何かを持っている、と。私たちがもう少し我慢強く、積極的に向き合いさえすれば、それが見つかるだろう。

自分の言葉を振り返ろう。

私たちはみんな、自分の経験や受けた教育から、人を枠にはめて見てしまいがちだ。自分が偏った話し方をしていないか、気をつけよう。「こういう文化を持つ人は、たいていこうだ」なんて思っていないだろうか？ もしそうなら、「本当にそうかな？」と疑問を持とう。職場や学校や家庭で、「私たちとあの人たち」という考え方に陥っていないか、振り返ろう。自分がなぜそんな姿勢になったのかを考え、どうすれば別の視点で見ることができるのか、よく考えること。

世の中の全員が同じだったら――と想像してみよう。

きっと世界は、ひどくつまらない場所になってしまうだろう。視野が狭くなり、そのせいで進歩も少なく、みんな退屈して、新しいことなどまったく経験できなくなるだろう。それでも私たちは、他人との違いを受け入れるのに苦労しがちだ。では、自分でも気づかないうちに楽しんでいる、いろいろな文化について考えてみよう。好きな食べ物かもしれないし、身に着けている服かもしれないし、夢中になっているエンタメかもしれない。中華麺からマレーシアのサロン（訳注：腰にロングスカート状に巻きつける布）、スウェーデンのノワール映画に至るまで、実にさまざまなものがあるはずだ。それから、家族それぞれの個性を思い浮かべてみよう。みんな、人生を豊かにしてくれている。たとえば、伝統料理をつくるのが大好きな祖父母、みんなを笑わせてくれる小さな子ども、最新の文化を教えてくれる、お天気屋のティーンエイジャー。誰もが、提供できる何かを持っている。

LESSON 11

現実を認めよう
――どんなにつらいものでも！

ACKNOWLEDGE REALITY (HOWEVER PAINFUL)

「ウブントゥは聖書の概念ではなく、アフリカ古来の考え方だ。しかし、聖書と同じように、ある基本的な事柄を拠《よ》りどころにしている。それは、人間は親しく交わるためにつくられ、人と人とを分かつものは、貪欲さ、権力への渇望、排他意識だ、ということ。そして、そうしたものはいずれも、人間本来のあり方から外れている、ということ」

――アラン・ブサク（南アフリカの聖職者・政治家）

人生で前に進みたいなら、まず、今の状況を受け入れなくてはいけない。現実を否定したり、対処すべき問題に向き合うのを避けたりしていたら、そこから抜け出せなくなってしまう。現実から目を背けても、誰のためにもならない。とくに、あなたのためには。

ウブントゥは教えてくれる。たとえつらくても「自分の過去や自分の状況を否定してはいけない」と。そして、自分に起こったことであれ、ほかの誰かに起こったことであれ、あれこれ言わずに受け入れるべきだ、と告げている。ウブントゥは「人生のあらゆる面を――よいことも、悪いことも、醜いことも――受け入れなさい」と勧めているのだ。ウブントゥがあれば、「ありのままの自分」でいられるし、今ここにあるものを受け入れ、ほかの人たちの助けを受け入れて乗り越えていける。

ＴＲＣが目指したことが、つらい過去をどのように受け入れればよいかのお手本になるだろう。ＴＲＣは、アパルトヘイトのどんな恐ろしい話にもひるまなかった。ＴＲＣの遺産とは、南アフリカに永続的な平和を構築したことだ。

祖父は当時、「人間の最悪な部分を耳にした」と言っていた。本当に恐ろしい話ばかりだったから、証言に耳を傾けたあとは、よく泣いていた。ほかの人たちの苦しみに、深く胸を痛めていたのだ。たとえば、「ググレッツ7《セブン》」と呼ばれる若者の母親たちは、テレビのニュースで自分の息子が殺されたことを知った。

ＴＲＣが守ろうと努めた約束の一つは、殺された息子、娘、親、愛する人たちの遺体をすべてふるさとに返し、きちんと埋葬して、安らかに眠らせることだった。そのために特別部隊が派遣され、多くの遺体がひそかに埋められている場所を探した。これは、奪われた尊厳を遺族にお返しするための任務だったけれど、恐ろしい犯罪にもひるまずに立ち向かう行為でもあった。それが、どんなにひどい犯罪であっても。

ある日、特別部隊が戻ってきて言った。被害者がワニの餌になった証拠をつかんだ、と。だから、遺族にお返しする遺体がないのだ。祖父はその知らせを聞くと、泣き崩れた。「被害者の母親たちに、何と言えばいいんだ？」と。

祖父は、嘆き悲しむ家族のことを真っ先に考えていた。遺族が悲惨な思いをしていたこの時期にも、ウブントゥの精神は健在だった。誰の心にも真っ先に、苦しんでいる遺族への共感があふれていた。

共感は、現実を――自分の現実であれ、ほかの誰かの現実であれ――理解することから生まれる。そして、みんながあふれんばかりの思いやりを示したことで、遺族もいくぶん、なぐさめられた。

起こった現実を否定すると、たいてい修復や解決への道が遠のく。たとえば、足を骨折したら、手当てをし、けがが治るのを待つ覚悟が必要だ。そうして初めて、また歩けるようになる。慌てて歩き出そうとしても、事態は悪化するだけ。傷を負ったらしっかり消毒し、きちんと手当てをするから、早く治るのだ。そうしなければ、化膿《かのう》する。現実の多くの状況にも、同じことが言えるだろう。

一人で苦しまなくていい

「どんな屋根にも雨は降る」

これもアフリカのことわざだ。私たちの誰もが、人生で厄介な問題を抱え、時には打ちひしがれ、時にはどうしようもない状況に陥っている。そして時には、自分に起こる現実に四苦八苦しながら立ち向かっている。だから、ウブントゥは教えている。「どんなときも、お互いに助け合いなさい」と。

落ち込んでいるときは、その理由を分析するのがつらいかもしれない。自分の仕事が嫌いでも、収入が途絶えると困る状況なら、転職を考えるのは難しいかもしれない。ひどい相手とつき合っていても、「関係が壊れてもいい」と腹をくくらない限り、何かを変えるのは難しいだろう。私たちはたいてい「明日はよくなりますように」と願いながら、1日をただ重い足取りで歩んでいる。

ウブントゥは、「一人で苦労する必要はない」と安心させてくれる。前に進むためには、人には人が必要だ。うまくいかないときに愚痴を聞いてくれる人や、抱きしめてくれる人が必要なのだ。遠慮なく声を上げて、助けを求めても構わない。「状況を変えたい」と口にしてもいいし、よく似た状況にどう対処したのか、誰かに尋ねてもいい。私たちはお互いを必要としている。頼り合い、サポートやアドバイスをし合う相手を。それがみんなにとっての現実だとわかれば、「助けを求めるのは恥ずかしいことじゃない」と理解できるだろう。

私たちがつらい現実を隠すのは、世間から「弱虫だ」「役立たずだ」と思われたくないからだ。それはきっと、ほかの人たちも同じだろう。

みんなが同じ状態だとわかれば、恥の意識は消える。誰かが自分とよく似た状況にある、と知ったら、手を差し伸べるハードルは相当に低くなるだろう。まったく同じ苦労をしているわけではなくても、共感を示し、相手の気持ちに寄り添えば、孤独感をやわらげてあげられる。

周りの人は、現実と向き合うための鏡

批判されてうれしい人間はいない。職場であれ、私生活であれ、自分の心の声であれ、批判は気分が悪いだけで役に立ちはしない。批判が答えをくれることはめったにないのに、自己肯定感だけはしっかり傷つけてくれる。批判は相手に意見を聞いてもらう一つの方法

かもしれないが、本当に一番効果的な方法だろうか？

自分自身や仕事について辛辣なコメントをされると、たいていがっかりする。くよくよ考えて、悩んでしまうこともある。

「私をあんなふうに言う、あの人が正しいのだろうか？」「あの人たち、ひどくない？」「みんな、私を悪く思っているのかな？」……そんな声が、頭の中をぐるぐる回り始める。批判が正しくない場合もあるから、ほかの人たちの意見も聞いて、「今回はどうなのだろう？」と答えを出そうとする。

とはいえ、建設的な批判は役に立ってくれる。私たちはついほめ言葉を期待するけれど、フィードバックは必要だし、建設的な批判に助けられることもある。親や先生たちは、私たちが成長できるよう、どこが間違っているのか教えてくれる。自らがお手本になって導いてくれる。

時には、決められたルールが理解できない日も、学びに感謝できない日もあるけれど、私たちはみんな、受け入れる必要がある。親や先生たちは物事をよく知っている、と。ただし、残念ながら目上の人たちを信頼できない状況なら、信頼できる友達やほかのメンターにアドバイスを求めよう。ウブントゥとは、どんなときも進んで学び、みんなの利益のために自分の行動を改めることでもあるから。

「あなたをより善い人間にしてくれる人たちを見つけなさい」

ミシェル・オバマの言葉だ。

とことん正直に人と向き合う

現実と向き合うなら、正直にならなくてはいけない。時には、とことん正直に。これは、ウブントゥの基本原則の一つだ。お互いに偽りのない正直な姿勢でいなければ、人間関係は損なわれ、結局みんなのためにならない。本当の気持ちを抑えつけていると、周りから誤解されている気分になったり、疎外感を覚えたりするようになる。周りの人たちも戸惑って、「一体どういうこと？」と目の前の現実をよく理解できなくなる。

慈善団体「ユース・フューチャーズＵＫ」の共同設立者であり、ツツ財団の大使も務めるジョセフ・ダンカンによると、「ウブントゥ円卓会議」は、当局の人たちと、彼らと対立している人たち、両方が参加できるように開催された。どんなに気まずくても、お互いに率直に、正直に話ができるように。「円卓会議は、みんなが自分の現実と向き合い、それを分かち合うことのできる、安全な場所でした」とジョセフは言う。

円卓会議のあるセッションでは、警察からの屈辱的な職務質問に耐えてきた、ロンドンの少年グループが話をした。彼らは言った。「警察の人たちは、『ドラッグを探してる』とか『武器を探してる』とか、その都度コロコロ理由を変えて職務質問してくるから、理不尽にターゲットにされてる気がするんだ」

ただし、「ナイフを持っているときもあるよ」と正直に認めた少年たちもいた。ほかの子たちもナイフを持っているから、「自分も持たなくちゃ」と感じるのだという。彼らは被害者意識を抱く一方で、自分たちが法律違反をしていることも認めた。

そして警察官のほうも、自分たちの気持ちを、偏見を抱いていることも含めて、正直に話すことになった。ロンドン警視庁の警官の多くは、ロンドン以外の町で育った白人だ。黒人のコミュニティのそばで育っていないから、公営住宅団地に住む、パーカーのフードをかぶった黒人の若者を、最初から問題児だと決めつけていた。

互いに本音を語り合うことで、どちらのグループも深く心を動かされた。お互いが抱いていた苦しみが明らかになったわけだけれど、みんなが日々の現実や、自分の思いに正直になったことで、何かが変わった。相手側の物語を聞いたとき、警察官たちの表情がパッと明るくなったのがわかった。

あるティーンエイジャーは言った。「おれの地元では、みんな信じてるよ。警察はその月の逮捕目標を達成するためだけに、黒人を検挙してるって」。この発言は、警察官たちにショックを与えた。「みんながそう信じてるなら、君たちが警察を信用できないのも当たり前だね」

警察はその後、認めることになった。地域の人たちを正しく守り、職務を全うするためには、地域のほかの人たちからも、もっと話を聞く必要がある、と。

人はつい厳しい現実から目をそらし、見かけほどひどい状態ではないふりをしたがるものだ。そして、それが最善の選択のように見えることもある。でも、最悪の状態に真正面から取り組めば、解決策を見つけるチャンスが生まれる。自分で物語の結末を決められるのだ。

母は、常に真実を語る両親を見て育った。母の両親は、子どもたちにこう注意していた。「お父さんとお母さんはいつか、この活動のために逮捕されたり、殺されたりするかもしれない」。私の祖父母は、その現実から目をそらさなかった。彼らは平和的な手段で抗議するリスクを知っていた。当時は、暴力を使って抗議する人たちもいたから。

それでも、祖父母にとっては、不公平を前に沈黙を守ることは、声を上げて罰を受けることより悪いことだった。そして、母ときょうだいたちは、時折最悪の事態におびえながらも、両親のほかにも頼れる家族や友達がいた。つまり、きょうだいたちは、一風変わった自分の人生を受け入れていたのだ。そして、大きくなるにつれて、「他人に奉仕する」ことの意味を理解するようになった。

私は、家族から教わった。ウブントゥとは、「すべてが調和し合っているふりをすることではない」と。ウブントゥとは、とくに周りの助けがあるなら、「自分の闇に立ち向かえる」と理解することなのだ。それも、私たちを人間にしてくれるのだから。

ポジティブにはネガティブがつきもので、ネガティブにはポジティブがつきものだ。深く愛すれば、悲しみがついてくる。私の祖父母のように、大切な目標のために戦えば、犠牲を伴うだろう。建設的な批判を聞けば、学びにつながる。自分を隠さずさらけ出せば、周りの人たちが思いやりを示してくれて、お互いの関係が深まるだろう。

プライドは助け合いの邪魔になる

「生まれながらに謙虚で気取らず、社会的地位に関係なく、すべての人間を心から信頼している人たちは、万人から尊敬と賞賛を集めている」

ネルソン・マンデラの言葉だ。

ウブントゥのある人は、常に謙虚だ。つまり、ほかの人たちを優先し、人の話に耳を傾け、そこから学ぼうとする。「私は完璧な人間じゃない」と思っている人は、他人が完璧でないことも受け入れられるし、批判に走りにくい。

私の祖父は、いつも人の意見を進んで取り入れ、自分と違う意見を歓迎している。これは、エルダーズの初代CEOとして祖父たちと活動を共にした、メイベル・ヴァン・オランジェが話してくれたことだ。

エルダーズで、どんな世界的な目標を支援するかを話し合っていたときのこと。メイベルは、「児童婚を止める活動をしませんか?」と提案した。児童婚は世界的な問題だ。世界の少女の約5人に一人が、18歳までに結婚を強いられているのだから。

メイベルは言った。「エルダーズがこの悪しき習慣に取り組めば、うまく仲介して変化を起こせるでしょう」。たしかに、エルダーズが支援すれば、素晴らしいキャンペーンが展開できそうだった。

ところが祖父は最初、確信が持てなかった。「たしかにひどい社会問題の一つではありますが、これは主に南アジアの問題で、世界的な問題とは言えないのではないでしょうか?」と述べたのだ。すると、メイベルは反論した。「児童婚は、世界中でよく見られます。アフリカでは、最大40パーセントもの女の子が、幼いまま結婚させられているんですよ」

この事実に祖父はあぜんとし、ショックを受けた。自分が暮らす大陸で、恐ろしい習慣がそれほど大々的に行われているとは知らなかったのだ。祖父は「不勉強で恥ずかしい」と認め、「アパルトヘイトに立ち向かったのと同じ熱意と決意をもって、児童婚を終わらせる努力をします」と公言した。

この運動はその後、大成功をおさめた。当初、児童婚の問題はあまり知られていなかったけれど、エルダーズの活動によって世界的な関心を集め、「Girls Not Brides(少女を花嫁にしないで)」という世界的な市民活動の新たなパートナーシップが生まれた。今日までに、何十万人もの少女たちが、児童婚から救われている。

ウブントゥは教えてくれる。人と人とのやりとりに、プライドはいらない。人は互いに支え合い、成長し合わなくてはいけないのだ。どんな人でも、間違えることはある。どんな人でも、出来事や状況を恥ずかしく思ったり、困惑したり、心が折れることもある。でも、そんな現実にどう対処するかで、状況は大きく変わっていく。

誠実に生きるためには、自分自身にもほかの人たちにも正直にならなくてはいけない。私たちは真正面から問題に取り組み、周りの人たちと一緒に解決策を見つけていく必要がある。そうすれば、家族も、コミュニティも、社会も、一緒に前に進んでいける。

ほかの誰かが現実に向き合うのを助けよう。

時には、誰かの行動について、その人と向き合わなくてはいけないこともある。もちろん、優しい向き合い方もある。職場で建設的な批判をする必要があるなら、「サンドイッチ方式」を試してみよう。

まずはその人が達成できているポジティブな面に目を向けてから、伝えたいネガティブな話に移ろう。率直なトーンで話すのがお勧めだが、「あれはあなたの責任ですよ」なんて非難がましい言い方はしないこと。あなたの「思い」や「感情」ではなく、事実を伝えることに心を注ごう。なるべく個人的な感情は交えないようにしよう。そして、最後にもう一つ、相手がうまくやれているポジティブな話をし、「何か質問はありますか?」と尋ねること。相手に反応するチャンスを与えるのだ。

こうした会話をするなら、時と場所を慎重に選ぶこと。パートナーや子どもや同僚に何か言わなくてはならないような、厄介な状況に対処するなら、どこで話すかをよく考えよう。どんな場合も、直接会って話したほうがいい理由は、書き言葉だとニュアンスがうまく伝わらないからだ。それから、話し方には気をつけよう。突き放した口調やぶっきらぼうな言い方だと、相手が身構えてしまう。どんなときも、自分が話してもらいたいように相手と話をすること。

謙虚に行こう。

謙虚さは侮られがちな資質だけれど、実はどんな人にも恩恵をくれる。謙虚さがあれば、人の意見に耳を傾け、尊重し、常に進んで学ぼうとする。それに、謙虚であれば、エゴにまみれることはないし、謙虚な人のほうが尊敬される。世界一偉大な平和をもたらす《ピースメーカー》人の多くは、正直さと謙虚さをほかのどんな資質より大切にしている。

今度独りよがりな気分になったり、誰かを批判したくなったり、「私が一番大事！」なんて気分になったときは、自分が謙虚かどうかよく考えよう。人生で出会った、謙虚にふるまう人のことを思い出してほしい。その人は、どんな行動を取っている？　その人の習慣のどれかを、自分のものにできないだろうか？

また、謙虚さがどれほどよい気分にしてくれるかも、考えてみよう。うぬぼれていい気になったり、自分のニーズを最優先したりしなければ、人は自由な気分でいられる。

受け入れよう。

多くの心の師《スピリチュアル・ティーチャー》は言っている。「今この瞬間に集中し、目の前の現実を受け入れなさい」と。そうすれば、あるがままの状態と戦わなくなるので、心穏やかでいられる。

今この瞬間に、あなたが悲しんだり、怒ったり、イライラしていることについて、考えてみよう。自分で何とかできること、できないことは何か、よく考えよう。心に留めておいてほしい。心配するのは、起こってほしくないことを望んでいるのと同じ。自分にはどうしようもないことなら、受け入れることに心を注ごう。それは、あきらめるのとは違う。抵抗するのをやめて、エネルギーをもっとポジティブに、成長のために使うことなのだ。

LESSON 12

ユーモアにくるんで思いやりを示そう

FIND THE HUMOUR IN OUR HUMANITY

「笑いは、心に効く魔法」

――アフリカのことわざ

私たちはみんな、笑うのが大好きだ。笑うと気分がよくなる。笑いは心を健やかにし、ストレスホルモンを減らし、幸福ホルモンを増やして、人と人とをつないでくれる。誰かを笑わせれば、心のよろいが取り払われ、つながりが生まれる。これこそがウブントゥのエッセンスだ。

どうしようもなく苦しい時期には、明るい気分にしてくれるのはユーモアだけ、という日もある。ユーモアはみんなを、ちょっぴりリラックスさせてくれる。物語を変え、会話や状況のペースを変えてくれる。とくに、対立や紛争の最中《さなか》には。

母はあるとき講演の仕事で、マイレッド・コリガン・マグワイアと一緒になった。マイレッドは、北アイルランド問題の平和的解決に取り組み、１９７６年にベティ・ウィリアムズと共にノーベル平和賞を受賞している。

母とマイレッドがグループのみんなと、コロンビアでの平和会議に出席するためにバスに乗ったときのこと。自動小銃で武装した衛兵たちも乗り込んでいるのに気づいて、ショックを受けた。

気まずい沈黙が流れた。平和活動家としては、武装した人たちの存在に戸惑わずにはいられない状況だったけれど、マイレッドはとても楽しそうにこう言った。「みんな、ちょっとヘンだと思ってるわよね？　自動小銃を持った人たちに守られて、平和会議に向かってるなんて！」

このひと言でバスの中のピリピリムードは、一瞬で楽しい雰囲気に変わった。

母によると、素晴らしいリーダーの多くは、ユーモアのセンスがあるという。たとえばマイレッドは、状況を変えることはできなくても、ほかのみんなに「状況を受け入れて、笑い飛ばしましょう」と励ますことはできた。母はこうも言っている。「ウブントゥに満ちた多くの人たちは、心の中に『喜びの泉』を持ってるの」と。彼らはどんな状況でも、人生の明るい面に目を向けている。どんなときも喜びに目を向ける——それは、誰もが学べる習慣だ。

今この瞬間に「笑い」を見いだす

母は4人きょうだいだ。メンバーは、姉のタンディと妹のムポ、それに兄のトレヴァー。私の祖父母は「子どもたちには素晴らしい教育を受けさせる」と決めていたので、母ときょうだいたちは国外の寄宿学校に送られた。当時の南アフリカ政府は、黒人の子どもたちには「バントゥー教育」しか提供していなかったからだ。バントゥー教育とは人種差別的な教育制度で、学校運営もいい加減な上に、白人至上主義を推進するためのものだった。

ところが、母は寄宿学校が嫌いで、母の姉もそうだったから、家族と離れなくてはならない休暇の終わりには、２人して必ず泣いて、黙り込んでいた。それでも祖父母は、あっという間にまた２人を笑わせていた。ツツ・ファミリーは、つらい状況にユーモアを見いだす達人ぞろいなのだ。

私の祖母のリアは、子どもたちが寄宿学校に戻る長い旅に出るときは必ず、通りすがりの誰かをモデルにおかしな物語をこしらえた。だから、涙ぐんだり黙り込んだりしていた娘たちも、すぐにまた笑い転げた。祖母は、わが子の状況を変えてやれないことは百も承知だったけど、楽な気分にしてやりたかったのだ。リア自身も子どもたちと離れるのはつらかったけれど、寄宿学校に送り込むのは、祖父母にできる最善の選択だった。

そういうわけで、つらさをやわらげるために家族にできることは、今この瞬間に笑いを見いだすことだけ。アフリカにはこんなことわざだってある。

「子どもの笑いは、一家の明かり」

つらい状況にユーモアを見いだせば――とくに、愛する人を亡くしたり、不治の病を宣告されたりで、無力感や絶望感にさいなまれているときは――それが最後の砦《とりで》になってくれる。皮肉なジョークやウィットに富んだ言葉やおバカな考えで、ほんの数秒間でも闇をパッと照らせるから。

愛と同じように、ユーモアのセンスもはぐくめるのだ。私たちが「面白い面を見よう」と口にするのは、何が起こっていようと、探せば必ず面白いことが見つかるからだ。

どうにもならない状況にあるときや、問題の解決策が見つからないときこそ、ユーモアの出番だ。ユーモアは常に、気分がよくなるチャンスをくれる。そして、ほんの一瞬でも、苦しみから救ってくれる。

ユーモアは逃げ道をくれる

マヤ・アンジェロウは言った。

「なるべくたくさん笑いなさい。いつも笑っていなさい。それは、自分自身と仲間のためにできる、一番素敵なことだから」

祖父は、ユーモアで緊張をほぐすことにかけては、昔からプロ級だ。いつもさまざまな状況で繰り出せる、たくさんのジョークを用意していた。

「ノーベル賞を受賞するために、何が必要でしたか?」と聞かれたときは、「大きな鼻とセクシーな脚!」と答え、自分で爆笑していた。母の話では、あらゆることを肌の色で決めるアパルトヘイトの愚かしさを、よくこう茶化していたそうだ。「アパルトヘイトはね、私が『これからは鼻の大きさで人を判断します』って言うのと同じさ。明らかに自分の鼻が大きいからって、『大きな鼻の人間のほうが立派なんだよ!』なんてね」と。

祖父は、どんなに悲惨な状況でもひるまずに、人を笑わせようとする。祖父は大虐殺が起こったあとのルワンダを訪れ、ツチ族とフツ族が交じったグループの前でスピーチを行った。この人たちは憎んでも余りある敵《かたき》同士で、部屋にいる全員が愛する人をたくさん亡くしていた。そこにいる誰にとっても、久しぶりに敵と同じ場所に身を置くのは、つらくてたまらなかったに違いない。

祖父は、誰もが共感できるようなジョークで、緊張をやわらげることを選んだ。小さな鼻の人たちを排除する、大きな鼻の人たちの話をしたのだ。ゆっくりと、聴衆は気づき始めた。フツ族とツチ族の顔の違いについて話しているのだ、と。そして、祖父のジョークに、張りつめていた空気がほぐれていった。

自分自身を茶化しても、誰かをいじって共感できる笑いに変えても、緊張をほぐすことはできる。いったん緊張が解ければ、穏やかな状態が続くだろう。

南アフリカの反アパルトヘイト闘争の時代に、祖父はたくさんの葬儀に出席した。抗議行動の最中《さなか》に、あるいは警察によって殺された人たちの葬儀だった。たいていこうした集まりは、ひどく緊迫した政治集会に姿を変えた。当時は大きな集まりは、どんな性質のものも禁じられていたから。けれど毎度のように、祖父は集まった人たちにジョークを飛ばし、スピーチが始まる前には聴衆との絆を紡いでいた。

「私は政府にお願いしてるんですよ。勝ち組に加わるように、ってね」と、祖父はよく言っていた。抑圧され、苦しんでいる人たちへの言葉としては、コミカルすぎるかもしれないが、とにかく彼らを「勝ち組」と呼んでいた。

それに、民族にまつわるジョークもよく放っていた。一度、ヨハネスブルクで葬儀に出席した祖父は、多くの人があえて口にしないような冗談を飛ばした。以来祖父は、このジョークを何度も口にしているが、それは、神が人間をつくったことにまつわるジョークだった。つまり、神がどのように土をこねて人間をこしらえ、レンガを焼くように窯に置いていったかを説明するのだ。

――神は最初に焼く土を窯に並べ、そのあとほかの仕事で忙しくなって、窯のことを忘れてしまった。その後、作業の途中だったことを思い出し、慌てふためいて窯を開けると、土は真っ黒に焦げていた。こうして、神は黒人をつくった。次に焼く分を並べたときは、前回のように焼きすぎてはいけないと心配になり、ずっと時間を気にしていた。そして今度は、窯を開けるタイミングが早すぎて、土は生焼けのまま出てきた。こうして神は、白人をつくった。

集まった人たちは、この考え方をとても面白いと感じた。そして多くの人は、こんな集まりで民族の分裂についてのジョークを飛ばす、祖父の大胆さに感心していた。祖父のユーモアはみんなをホッとさせ、高まった緊張感や感情をほぐしていたのだ。

自分を笑い飛ばそう

「笑いは最高の薬だ」と言われている。誰かの笑い声を聞いただけで自分も笑いそうになるから、薬というより感染しやすいバイ菌みたいだけど。笑いが人間関係にも重要なことは、科学が証明している。ある研究によると、人は進化して笑えるようになったという*。笑いは相手に、「安心・安全だというメッセージ」を送れるから。結局のところ、微笑むふりはできるけど、笑いはもっと無意識に起こるものだから、笑いのほうが信頼できる。あなたも、楽しそうに笑っている人を見て、「危険なやつだ」とは思わないだろう。

信頼が根っこにあるから、ユーモアは、ほかの人たちを元気づけたり、導いたりするのに使える。祖父はエルダーズの議長時代、会議の進行役を務める大変な時期には、ユーモアを大いに活用していた。祖父が活動を共にしていたグループは、ほかのどの団体とも違っていた。元大統領もいれば、人権活動家も平和活動家もいて、誰もが世界で最もよく知られ、尊敬を集めている人たちだった。こんな集まりを、一体どうやってまとめればいいのだろう?

誰にとっても腰が引けそうな役目だけれど、祖父はどんなときもユーモアを駆使して、言いたいことを伝えていた。たとえば、元大統領が遅刻してきたら、大声でこう尋ねる。「みんなで腕時計を買ってあげましょうか?」。仲間が話しているのに割り込む人がいれば、神への信仰に絡めてこうたしなめる。「あとで、もっと熱いところへ行きたいですか？」。同じように、誰かが素晴らしい行動を取ると、こう言う。「あなたを天国に行ける人リストに推薦しておきましょう」

ユーモアがあれば、自分を笑い飛ばせるし、ほかの人たちと一緒に笑うこともできる。笑いはすべての人を平等に扱ってくれる。同じ部屋にいて、同じことで一緒に笑えば、一緒に「幸せ」というかけがえのない瞬間を経験できる。たとえ、お互いが誰であっても。

アフリカには、ユーモアで緊張をやわらげてきた長い歴史がある。それがことわざにも表れている。

「猟師をしかとその目で見ようとする間抜けなサルは、目が弾だらけになる」

——コンゴのことわざ

「お尻がどんなに急ごうと、お尻は常にビリッケツ」

——カメルーンのことわざ

「リーダーのつもりでも、誰もついてこなければ、ただの散歩」

——マラウイのことわざ

逆境を笑いで切り抜ける

詩人のドゥミ・センダは、今は世界の多様性に関するコーチ兼コンサルタントとしても活動している。ドゥミは、かつてボスニア・ヘルツェゴヴィナの首都サラエボで、一触即発の事態をユーモアでかわした話をしてくれた。

彼はサラエボで開かれた平和会議に招かれ、スピーチと詩の朗読をしたのだが、同世代の仲間たちから、「街中《まちなか》を一人で歩き回るなら、気をつけたほうがいい」と注意されていた。そこには「民族的マイノリティ」の人たちがほとんど住んでいないから、「黒人は思わぬ注目を集めるかもしれない」と聞かされていたのだ。

会議が無事終了したあと、ドゥミはウブントゥの精神を受け入れて、ぶらぶら近くの町まで出かけた。すると、あっという間に注目を集めてしまった。数メートル歩くたびに「一緒に写真を撮ってくれない？」と声をかけられ、多くの人たちから「黒人に会うのは初めてだ」とあけすけに言われた。アメリカのラッパー、ジェイ・Zに間違えられたときは、思わず笑ってしまった。

やがて人だかりができて、人々が口々に質問を始めた。「アフリカ人は本当に、木の上で暮らしてるの？」「アフリカ人は本当に、裸で歩き回ってるの？」。ドゥミはもちろんムッとした。「それ、人種差別じゃないの？」「君たちは無知なのか？」そう言いたいのをぐっとこらえて、緊迫しかけたムードをユーモアでほぐした。

「そうだよ」と、ドゥミは笑いながら言った。「アフリカ人は、木の上で暮らすこともある。樹上《ツリー》の家《ハウス》で暮らしてるヨーロッパ人がいるようにね」

それから、こんなジョークも飛ばした。「アフリカ人はもちろん裸で歩き回ってる……ヨーロッパ人と同じように、お風呂の中で」

町の人たちは、ドゥミにからかわれている、とすぐに気づいて爆笑した。みんな、アフリカの黒人に対して、「型にはまった間違った見方をしていた」と認め、ドゥミを近くのバーに誘って1杯ごちそうしてくれた。けんかになってもおかしくなかったのに、そのうち仲間意識が芽生えていた。

私たちは泣くことも、怒り狂うことも、深く落ち込むこともできる。でも、つらい状況で、笑いが特効薬になることもある。人はほんの少しでも笑えば、心の手綱を取り戻せる。笑えば息抜きになるし、ホッと安心できる。また、ユーモアを使って、思いやりを示すこともできるだろう。

笑いは、みんなを元気にしてくれる魅力的な資質だ。私たちが笑わせてくれる人に心惹かれるのは、当たり前のことなのだ。

面白い面を見つけて、状況をひっくり返そう。

自分に起こった心底恥ずかしい出来事を思い出そう。そして誰かに、改めてその話をしてみよう。ただし、笑い上戸の友達を選んで（誰にだって一人はそういう友達がいる）、本当に面白いエピソードであるかのように語るのだ。すると、その経験の面白い面が、ひとりでに浮かび上がってくるだろう。イライラすることやとんでもないことが起こったときや、不安にさいなまれるような事態に陥ったときは、このアイデアを活用しよう。あなたも、大事なものが不意に壊れてしまったり、自分ではどうしようもない状況や、ひどく不都合な立場に置かれることがあるかもしれない。でも、小さな試練が、笑いを生み出してくれることも珍しくないのだ。なるべく、笑うことを選ぼう。

自分自身を笑い飛ばすことを学ぼう。

これができるようになるには、自分を受け入れる必要がある。まじめに考えすぎると、何一つ面白くなどないが、自分のこともほかの人たちのことも軽くとらえてみると、何だか笑えてくるだろう。私たちはみんな、人生を通して、たくさん似たような経験をする。みんなが自分の思いやりに気づいて、ほかの人たちと分かち合う――それがウブントゥだ。ユーモアのセンスは、長生きにもつながる。ノルウェーで7年にわたって行われたある研究によると、笑いは定年後まで生きる確率を上げる。* 笑いは文字通り、命を救うのだ。

ユーモアを追求しよう。

テレビでたくさんコメディを見るにしろ、お笑いライブに行くにしろ、ウィットに富んだ仲間たちと過ごすにしろ、ユーモアに触れていれば、人生の面白い面にますます目が向くようになる。ユーモアに触れることは、ユーモアあふれる家庭で育っていない人には、とくに大切だ。もっと自由に笑う力を身に着けることはできるのだから、なるべくそうすべきだ。自由に笑おうとすればするほど、楽に笑えるようになる。そしてますます、楽しいことがやってくる。

LESSON 13

なぜ、小さなことが大きな変化をもたらすのか？

WHY LITTLE THINGS MAKE A BIG DIFFERENCE

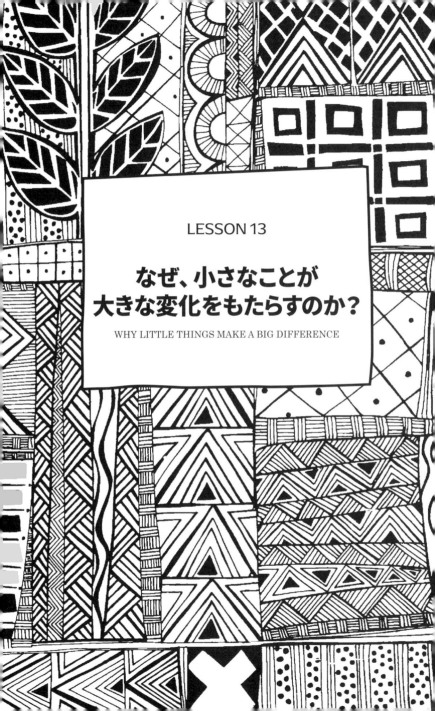

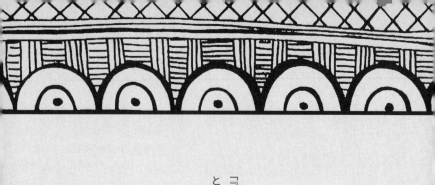

「『自分のようなちっぽけな者に、大したことなどできるわけがない』と思っている人は、蚊と一夜を共にしたことがない」

――アフリカのことわざ

「あなたが世の中で見たい、と思う変化に、あなた自身がなりなさい」――これは、マハトマ・ガンディーの言葉だとされている。たしかに、気持ちを奮い立たせてくれるひと言だけど、「私が何かしたところで、何も変わらない」と何度思ったことだろう？　少なくとも、本当に重要な変化など起こせやしない、と。

「通りにゴミが山ほど転がってるのに、ゴミを一つリサイクルしたところで、大して変わらないのでは？」

「人気のイベントだから、当日面倒くさくなったら、私が行かなくてもいいよね？」

「選挙？　ほかの誰かが行ってくれるでしょ。違う？」

自分が何かしたって状況は変わらない、と考えたくなる日もあるけれど、そういう姿勢でいるうちに、人は無気力になり、方向性を失ってしまう。結局のところ、「自分の行動が変化を起こせる」と信じていなければ、状況がよくなると信じるのは難しい。

ウブントゥは教えてくれる。私たちの誰もが大切な存在で、私たちの行動のすべてに価値があるのだ、と。

小さな行動の一つ一つが、雪だるま式に大きなものに変わっていくかもしれない。今すぐ影響を及ぼせるようには見えなくても、やがてその行動が、大きな変化をもたらす可能性はある。何が起こるか、やってみなければわからないのだ。

誰もが大切な存在だ。もちろんあなたも

マザー・テレサが女子修道会を離れ、インドのカルカッタ（現在のコルカタ）のとても貧しい人々と活動を共にし始めたとき、次に何が起こるかは、本人にもわからなかった。彼女も、人々に手を差し伸べる一人にすぎなかったから。それから数十年後、彼女はその活動でノーベル平和賞を受賞した。彼女はこう述べている。

「私たちは『自分のしていることなど、大海の1滴にすぎない』と感じています。しかし、その1滴がなければ、海は完全な海にはなれないのです」

何もノーベル平和賞を受賞しなくても、「自分の行動が変化を起こす」と実感することはできる。私たちのあらゆる出会い、あらゆる触れ合い、あらゆる取り組みには、世の中のためになり、みんなの人生を豊かにする力があるのだ。

たとえば、「One Billion Acts of Peace（10億の平和行動）という市民運動がある。これは国際組織「ピースジャム財団」が、祖父を含む14人のノーベル平和賞受賞者と協力して立ち上げたキャンペーンで、「世界平和を構築するために、思いやりのある行動を取ろう」と訴えている。

ピースジャム財団の創設者、ドーン・エングルとアイヴァン・スヴァンジェフは、長年

にわたって、若者たちとノーベル平和賞受賞者がコミュニティに及ぼす影響を目の当たりにして、この運動を始めた。「世界の大問題に取り組めるのは、一般の人たちだ」と確信したからだ。「誰もが大切な存在で、誰もが変化をもたらせます」と2人は語っている。

彼らは、「貧困」「女性と子どもの支援」「環境」「民族問題・ヘイト問題の解決」など、重点的に取り組む10分野を選んだ。このキャンペーンは、「ホームレス・ヘイト問題の解決」など、くる」「地域でゴミ拾いをする」「別の文化を楽しむイベントに参加する」などごく簡単なことから始めよう、と訴えている。「参加する」という小さな決断が、一人一人にとって、さらに大きなことにつながっていく可能性があるからだ。

たいていの場合、試してみても失うものはない。「世の中をよりよい場所にする」という目的を持って外へ出てみれば、ひらめきや、新しい友達や、新しいつながりが得られるだろう。

小さな行動には、物語を変える力がある

インドの聖職者、スワミ・シヴァナンダのこんな言葉がある。

「山は、小さな土の粒からできている。海は、小さな滴《しずく》からできている。一方、人生は、延々と続く小さな事柄と、行動と、言葉と、思いからできている。だから、ほんのひとかけら

のよいものでも悪いものでも、その影響は広範囲にわたるのだ」

祖父は幼い頃、ヨハネスブルクのソフィアタウンにある貧しい黒人居住地区で暮らしていた。そしてある日、白人の司祭、トレヴァー・ハドルストンと出会った。

ハドルストンは南アフリカで何も持たない人々を熱心に擁護し、肌の色にかかわらず、あらゆる人たちの力になっていた。神父は、通りで祖父と祖父の母親――私の曾祖母――とすれ違ったとき、曽祖母に敬意を表し、帽子を取ってあいさつをした。この小さな行動にかかった時間はほんの数秒だったけれど、祖父にとってはかけがえのない経験になった。

白人男性が黒人女性である母親に、敬意を払ってくれたのだ。そんなことは初めてだったし、この小さな身振りで、祖父は白人を違った目で見るようになった。

祖父が「トレヴァー神父《ファーザー・トレヴァー》」と呼んだこの男性は、祖父をよく知るようになり、少年時代、結核にかかって入院したときにはお見舞いにきてくれた。優しくて面倒見のよい神父は、子どもたちみんなの人気者になったが、祖父にとってその優しさは、「白人全員が、黒人に失礼な態度を取るわけじゃない」という証しになった。

それから何十年かたった頃、幼いイングリッド・ヴォン・スタインは、教会で説教をしている祖父と初めて出会った。このとき彼女は、彼女が生まれて初めて会った黒人の一人だった。イングリッドは黒人をよく思わずに育った。そして、実を言うと、父親に虐待されていたから、男性全般をよく思っていなかった。

だから、祖父がイングリッドに微笑みかけて、「元気？」と温かく尋ねたとき、彼女はびっくり仰天した。それから祖父は、おなじみのユーモアを交えた説教をして、みんなを笑わせた。その後、祖父とおしゃべりをしたイングリッドは思った。「この人はほかの男の人たちと違って、私の話を聞いてくれる」

祖父にとってそれは、教会で過ごしたよくある1日の、よくある会話にすぎなかったけれど、祖父が示した優しさは、幼いイングリッドに大きな影響を及ぼした。当時は2人とも夢にも思わなかったことだけど、彼女はいずれ、祖父のもとで働くことになる。

こうした一見取るに足りない瞬間が、変化のきっかけになることもある。もちろん、小さなことが大きなことにつながるとは限らないけれど、あなたの小さな行動が、誰かにとって大きな意味を持つかもしれない。優しい笑顔、「元気？」と尋ねる心遣い、ちょっとした親切。すべてが積もり積もって、大きな意味を持ち始める。とくに、何も期待していなかった人たちにとっては。

知らない人たちとのチームワーク

1999年、BBCの特派員であるデイヴィッド・ハリソンは、「パノラマ」というテレビ番組を制作した。これは、ヨハネスブルク北部の黒人居住区、テンビサで暮らすシンシア・ムティービを取り上げた番組だった。シンシアは、夫を亡くしたシングルマザー。4人の子どもを抱えて貧しい生活を送っている。

BBCが撮影したのは、生活のために友人たちとゴミ捨て場から空き缶を集め、暴力的な町の小さな掘っ立て小屋で懸命に生き延びている、シンシアの姿だった。この愛情深い母親は、必死で住まいをきれいにし、どんなときも子どもたちを学校に通わせていた。番組の中で、シンシアは心を込めて話をし、「生活をよくしたいの」と語っていた。

番組が放映されると、視聴者から大きな反響が寄せられた。人々は、明らかに大変な状況なのに、世の中をポジティブに見ているシンシアに感動した。当時はまだソーシャルメディアがなかったので、視聴者はほかの人たちが何を考え、どんな行動を取っているのか知らなかったけれど、一人一人が「お金を送ろう」と決めた。

BBCのオフィスにどっと寄付金が集まり、お金はシンシアのもとに送られた。人々の善意で、シンシアは、町の治安のよい場所に新しい家を建てることができた。彼女はのちに、その家を子どもたちに譲り、子どもたちの一人は、DJになる夢をかなえた。

シンシアと子どもたちの人生が大きく変わったのは、遠い国のお茶の間でテレビを観ていた人たちが、見ず知らずの誰かの苦境に一斉に立ち上がったおかげだった。

でも、私たちに与えられるのは、お金だけではない。時間も与えられる。いや、ほかにも与えられるものがあるかもしれない。だから、時にはただ周りを見回して、「私が与えられるものは何だろう?」と考えてみるべきだ。それが、どんなにささやかなものに思えても。

ルワンダの小さな村でのこと。慈善団体「ティアファンド」の支援を受けて、クレアという一人の母親が、「地元の資源の活かし方」という研修に参加した。そして、とても小さな組織だけれど、自らがリーダーとなって裁縫の協同組合を立ち上げた。

まずは地元の仕立屋に、端切れや糸の残りをもらい、カットしてパッチワークにした。クレアと友人には裁縫の経験はほとんどなかったが、2人で売り物にふさわしい商品をつくった。

最初はミシンが1台しかなかったけど、商品が売れてお金が入ったおかげで、2人はほかの女性たちにも裁縫を教えられるようになった。余った材料を提供してくれる仕立屋も少しずつ増えて、1年もたたないうちに「ウルクンド裁縫協同組合」は軌道に乗った。2013年に設立された組合はどんどん力をつけ、当初は1台だったミシンは、電気ミシン

1台を含む合計9台になった。

協同組合は、クレアの人生に大きな影響を及ぼした。長距離トラックの運転手だった夫は、裁縫を覚えたことで、家族の時間が取れない仕事を辞められた。寄付してもらったわずかな端切れから始まった仕事が、今では豊かな生活を生み出している。ほんの小さなことが、人生を変える大きなものに成長したのだ。

時間を差し出すことが、最大の贈り物

「時間は先生である」

そんなアフリカのことわざがある。

時間は、かけがえのない贈り物だ。過ぎてしまえば、永遠に失われてしまうものだから。賢く時間を使うと気分がよくなるけれど、時間を無駄にすると、人は元気を失う。「ほかの人たちのために使った時間は、決して無駄にはならない」と、ウブントゥは教えてくれる。

2018年のクリスマスに、あるニュースが報じられた。それは、ホームレスの人たちのために炊き出しやクリスマス・ディナーのイベントを行う「シェルター」のような慈善

団体には、クリスマスの時期にはボランティアが殺到する、というニュースだった。英国の慈善活動についての報告書、「UKギビング」の2018年度版によると、慈善団体には、11月と12月に最も多くの寄付金が集まる。* また、慈善団体と仕事をしている非営利ソフトウェア・ソリューション企業「ネオンCRM」によると、アメリカでは、年間の寄付の約3分の1が12月に集中している。でも、それ以外の時期は、多くの慈善団体が寄付金やボランティア集めに苦労している。

時間やお金を差し出すのを、年に一度に限定する必要はない。フード・バンク（訳注：困窮世帯や困窮世帯を支援している団体に、食料を配給する組織）や女性の保護施設といった年中活動している施設では、私たちの今すぐの支援を必要としている。家で余った缶詰や要らない服を詰めた袋も、大いに役立つだろう。とくに、多くの人が参加したなら。「わずかしか与えられない」と感じるかもしれないが、大勢で行えばたくさん与えられる。

ただし、いくらやる気があっても、時間を差し出せないときもある。私たちはつい「仕事か睡眠か」というサイクルに陥りがちで、自分のための時間すらなかなか捻出できない。とはいえ、お金や時間を与えるのが難しくても、世の中にウブントゥを広める手立てはほかにもある。たとえば、微笑むのはどうだろう？　これなら、とても簡単な上に、お金もかからない。

笑顔のパワーは絶大だ。スウェーデンのウプサラ大学のある研究によると、人はほかの人が微笑むのを見ると、自分の笑顔を抑えるのをやめて、微笑み返したくなるという。[*] 進化が微笑みを、人から人へと伝染するものにしたのだ。微笑むと気分がよくなるのは、幸福ホルモンこと「セロトニン」の分泌を増やしてくれるからだ。だから、あなたが微笑めば、ほかの人たちの気分も明るくできる。

笑顔は、多くのことを語っている。「私はあなたの友達です」「私は気さくな人間です」「怖がらないで」「私はあなたに手を差し伸べています」。笑顔は、ウブントゥを身体で表現したものだ。

お金や時間を与えられない人たちにも、一瞬で、愛と友情のメッセージを広められる。微笑む相手は、通りですれ違うご近所の孤独なお年寄りかもしれないし、職場の廊下を掃除してくれる人かもしれない。「気にかけているよ」と知らせる、そんな小さな取り組みを、誰もが求めている。

ウブントゥのメッセージを広める

日常生活での小さな親切も、ウブントゥのメッセージを世の中に広める手立ての一つだ。この贈り物を分かち合う方法は、百万通りもある。ほんの小さな行動で、コミュニティを明るくできるのだ。

たとえば朝、頼まれなくても同僚にコーヒーをいれてあげる、電車の中でお年寄りや妊婦さんに席を譲る、面白かった本を誰かにまわす、カフェで食べ終わったテーブルをきれいにするなど、できることはいくらでもある。

ウブントゥとは、ほかの人たちのニーズを優しく優先すること。さりげなく、何の見返りも期待せずに、自分自身に目を向ける前にほかの人たちに目を向ける――もしくは、自分自身だと考える――ことで、他人を自分と同じように扱える。それは、もらう分よりたくさん与え、自分より誰かを優先することだ。

こうした小さな行動が、１００パーセント相手のためだとは限らない。あなたも、そこから得るものがあるのだ。心から感謝されて、うれしくない人間がいるだろうか？　あなたのちょっとした思いやりに、誰かが目を丸くして喜んでくれたら？　相手は大切にされたと感じ、あなたも心が明るくなるはずだ。そして、その明かりで世の中を照らせる。

私たちは、自己陶酔、自己啓発、自己執着の時代に生きている。そう、自撮り文化の時代に！

研究によると、常に「私」のことばかり考えるのは、残念ながら、実は苦しんでいるサインだ。ヨハネス・ジマーマンが率いるドイツの研究チームによると、調査の質問に、「私」

「ぼく」などの一人称単数代名詞を使って答えた人たちは、そこまで頻回に使わなかった人たちよりも、不安神経症や摂食障害など、心の病の兆候を示すことが多かった。*

世の中を自分の視点だけでとらえ、常に「私」を最優先していたら、安らぎも満足感も得られないだろう。

会話のときも、何かを考えるときも、自分自身よりほかの人たちを優先する努力をしよう。そうすれば、不安は消え、自分のことがもっとよくわかるようになり、愛情深くなれる。毎日人と関わる中で、ウブントゥを実践すれば、気分がよくなるだろう。言葉など「ささいなこと」に思えるかもしれないが、言葉の使い方一つで、大きな変化が生まれる。

（若者や迫害されている人々など）自分で声を上げられない人たちの代わりに声を上げる、会話のときは相手が自分のことを話せるよう水を向ける、心を込めて質問をする――これらは、人との関わりにおいてウブントゥを表現する、ささやかな方法だ。

「直接会いにいくこと」は強力なメッセージ

最近は、スマホのメッセージやメールを使うから、ニュアンスがうまく伝わらないことも多い。「話し言葉は消える。書き言葉は後悔のもと」ということわざがあるけれど、まさにその通りだ。どんなときも直接話したほうが、自分の考えも真意もずっとうまく伝わるだろう。

「自分の言葉には責任を持てるけど、どう解釈するかは相手の責任でしょ」と考えることもできるけど、人間関係においては現実的ではない。正しく伝わらず、誤解されたメッセージやメールは、そのまま相手の心に残ってしまう。

もちろん、メッセージを送ったほうが速いし簡単だけど、人と会う時間を取る大切さを見くびってはいけない。誰かと直接会えば、身振りや感情など、言葉以外のあらゆるメッセージを受け取れる。だから、仕事であれ、遊びであれ、直接会ったほうが絆が深まるのだ。

仕事のあとに軽いランチに出かけたり、コーヒーやお酒を一緒に飲んだりするのは、取るに足りないことに見えるだろうが、つながりや友情をはぐくむ大切な手段だ。

いつだって小さな喜びを見つける

人間に何より大きな喜びをくれるのは、たいてい人生に起こる小さな出来事だ。ぴったりのタイミングで愛する人に抱きしめられたり、友達とのおしゃべりが楽しくて時がたつのを忘れたり、腹ペコのときにおいしい家庭料理にありつけたり。場合によっては、喉が渇いたときの1杯の冷たい水にさえ、喜びを感じる。

こうした瞬間に、意識して喜びを見つけていると、喜びに気づいたり感謝したりするのがうまくなる。

ネルソン・マンデラは刑務所を出たとき、ごくありふれたことに感謝の気持ちがわいたという。「刑務所で過ごしたあとに感謝したくなるのは、ごく小さなことなんだ。好きなときに散歩ができるし、店に入って新聞も買えるし、話をしても黙っていても構わない。自分のかじ取りが自分でできる、そんなありふれたことに感謝したくなる」

感謝の気持ちは、満足を見いだす大きな力になってくれる。たとえば、健康や、愛する人たちや、十分なもの――住む家、食べ物、自由、友達など――を持っていることへの感謝の気持ち。小さなことに感謝するのは、とても大切なことだ。自分がどれほど多くのものを持っているかに気づいたら、それが積もり積もって大きなもの――豊かな人生――を生み出している、とわかるからだ。

ウブントゥは教えてくれる。ほかの人たちや、ほかの人たちがしてくれることに感謝することで、私たちは人間になれるのだ。パートナー、子どもたち、クラスメイト、職場の同僚、家まで運んでくれるバスの運転手さん、お持ち帰り料理をつくってくれるシェフ……。みんな気づいていないけれど、私たちを助け、私たちのために小さなことをするのに忙しい、人々のネットワークが存在している。そんなすべてが積み重なって、私たちの人生に素晴らしいウブントゥの精神がもたらされている。

私たちは、誰かを助け、手を貸し、力になって、変化をもたらす一人になることができる。かと思えば、姿を隠し、もらえるものなら何だってもらう、という姿勢を選ぶこともできる。一方の選択は満足のいく人生につながるけれど、もう一方の選択をすれば、虚《うつ》ろな気分で、常に「足りない」と思いながら生きることになるだろう。

意識してウブントゥを人生に取り入れる努力をすれば、自分が求めているものを見つけられるし、世の中にもっともっと喜びを広げていくことができる。

どんなに小さな滴《しずく》でも、必ず変化をもたらせる。だから、その1滴をどこへ落とすのかを、今日、決めてほしい。


姿を現すことが大切だ。

長い1日の終わりに外へ出て、約束していた親切な行動を取ったり、約束通りに電話をかけたりするのが億劫《おっくう》なこともある。でも、やってみると、たいていの場合、「やってよかった」と思うはずだ。どんなに疲れていても、常に約束を果たす努力をしよう。そうでなければ、自分に失望するだろう。毎日、世の中を変えるような目標を掲げて、大きな成果を出す必要などない。小さなハードルや課題をコツコツ越えていけば、いずれ大きなことにつながるし、大きな喜びを得られる。

与えるものが受け取るもの。

あなたの人生に「足りない」と感じるものがあるなら、それをほかの誰かに与えよう。たとえば、もっと友達がほしいなら、自分が周りの人たちのいい友達になるのだ。「話を聴いてもらえない」と感じているなら、ほかの人の話に耳を傾けてみよう。もっと愛がほしいなら、誰かに愛を与えよう。親切な行為は、必ず自分に返ってくるものだ。たいてい、思いもよらない形で。

「変化をもたらす小さなこと」について考えよう。

私たちが環境に与える影響がよい例だ。誰も彼もが環境活動家になって、環境問題に人生を捧《ささ》げ、キャンペーンを展開し、デモに参加する――というわけにはいかないけど、リサイクルしたり、水の無駄使いをやめたり、肉を食べる量を減らしたり、必要のない空の旅をやめることならできる。みんなが小さな行動を取れば、大きな変化につながるのだ。

LESSON 14

「耳を傾けること」を学ぼう

LEARN TO LISTEN SO THAT YOU CAN HEAR

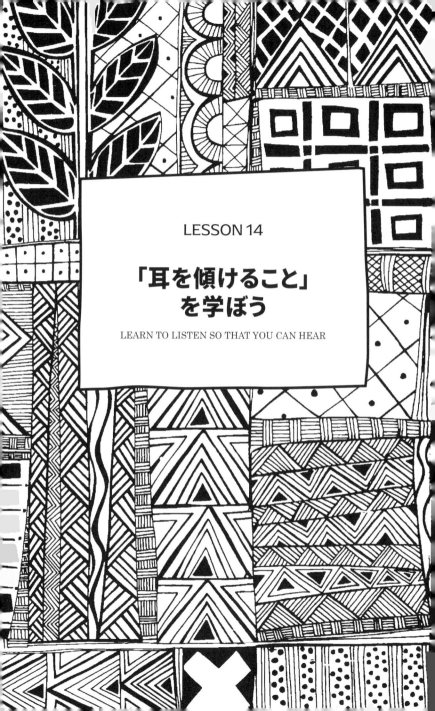

「大いなる沈黙は、強烈な不満を語っている」

——アフリカのことわざ

「人の話を聴かない耳は、頭が切り落とされたら、お供するほかない」

——アフリカのことわざ

耳を傾けるなんて簡単だ、とつい考えてしまいがちだ。毎日ほとんどの人は、「調子はどう？」と軽く尋ねる程度にしろ、誰かと会話している。でも、意識して答えを聴こうと努めることが、どれくらいあるだろう？

消極的に聞くのと、積極的に耳を傾けて聴くのとでは大違いだ。実のところ、「聞こえなかった」の本当の意味は、「理解できなかった」「共感できなかった」だったりする。

想像してみてほしい。誰かがあなたと友達に、ある話をしたとしよう。ところが、その友達とあとで話してみたら、お互いの記憶がまるで違っていたとしたら？　あなたが聞いた話と、友達が聞いた話が食い違ってしまうのは、誰もが自分が見たいように世の中を見て、自分が聞きたいように人の話を聞いているからだ。

私たちは深く共感したときや、つながりを感じたときは、「わかる（I hear you《聞こえているよ》）！」と口にする。耳を傾けて理解できた、という意味だ。そんなときは、聞き手も話し手も気分がよくなるだろう。お互いの思いやりを感じ、孤独感がやわらいで、人生がさらに豊かになるはずだ。

ほとんどの人が、たいていいつも、消極的に聞いている。ほかのことに気を取られていたら、たいていそうなってしまう。それに、相手がのろのろ話したり、もじもじ話したりすると、「早く話して」などとイライラする。そして、話の中身よりもイライラで頭をいっぱいにしてしまう。思わず口をはさんで話をさえぎったり、自分が次に話す内容を頭の中でリハーサルし始めたりするかもしれない。だから、相手が話し終える頃には、自分が聞きたいことしか聞けていないのだ。

一方、積極的に耳を傾けるときは、相手に全神経を集中している。努めてアイコンタクトを取るし、話に割り込んだりしない。気をそらすものを視界から追い出して、相手が話し終えるまでに答えを用意したりもしない。きちんと耳を傾けていれば、相手の身振りにも目が向くから、言葉以外のサインにも気づくだろう。話しながら相手が腕組みしていたら、身構えているサインかもしれない。あなたの目を見られないようなら、気まずく感じているのかもしれない。そしてあなたのほうも、わからないことがあれば、「わかりやすく説明してくれる?」とお願いすることができる。

南アフリカの「デズモンド・ツツＨＩＶ財団ユースセンター」で、地域のコミュニティと活動している若いインターンたちは、地元の児童や生徒と話すときは、「積極的傾聴《アクティブ・リスニング》」のスキルを活かしている。インターンのラゾラによると、こうしたスキルは、貧困家庭で育ち、学校や家庭で自分の意見を言うチャンスに恵まれていない子どもたちを支援するのに欠かせない。

「ぼくたちはただ座って、子どもたちの話を聴きます。口をはさんだり、説教したり、指図したりせずに」とラゾラは言う。「(センターでは)子どもたちは、考えていることをそのまま口にする自由を与えられています。そして、ぼくたちは、彼らが話を終えて初めて、求められたら手を差し伸べます。耳を傾けてもらうことの大切さを、軽んじてはいけないのです」

みんなが話を聴いてもらえるように、私たちはまず、耳を傾けるすべを知らなくてはならない。積極的に、もしくは「深く」耳を傾ければ共感が芽生え、話し手は安心するだろう。しっかり耳を傾けてもらうのと、単に聞いてもらうこととの違いは、誰にでもわかる。必ずしも賛同できない相手の話に耳を傾けるのを拒んでいたのでは、前に進むことはできない。ウブントゥは、「自分が聴いてもらいたいように、相手の話に耳を傾けなさい」と勧めている。

耳を傾けることの効果

ネルソン・マンデラは言った。

「誰かが意見を言うときは、辛抱強く聴くことを学びました。たとえその意見が間違っている、と感じても。争っているときは、両方の意見に耳を傾けずに、結論を出すことはできません」

ツツ財団のウブントゥ円卓会議は、「深く耳を傾ける」スキルに基づいている。
ロンドンでのセッションの最中に、ある10代の女の子がイライラした様子でテーブルに着いた。弟が社会福祉課の人たちに連れていかれてしまったのだが、まだ14歳の彼女には、なぜそうするのか、何の説明もなかったという。彼女の頭の中は、弟がいなくなった苦しみでいっぱいだった。彼女はただ、当局からの説明を求めていた。

この出来事に関わった警察と社会福祉課の人たちは、円卓会議で彼女に話しかける前に、ただ座って耳を傾け、話に割り込もうとはしなかった。女の子は、状況に対するイライラと戸惑いをすべて吐き出した。彼女が話し終える頃には、部屋にいた全員が、深く心を揺さぶられていた。

少女が話し終えて初めて、当事者である警察官が口を開いた。そして優しく、弟を家から連れ出すことになった経緯を説明した。それは弟を安全に守るための措置で、決定は最後の手段として行われたものだった。

その時点では、一人だけ別の場所に移るのが弟にとって最善の措置だったけれど、今後は面会もできるとわかった。警察官と社会福祉課の人たちが、イライラしている少女に優しく語りかけ、辛抱強く質問に答えたおかげで、彼女も心を開いた。彼らが話し終える頃には、女の子も状況をきちんと把握し、彼らが味方でいようと努めてくれているのも理解した。弟が連れていかれたことにはまだ賛成できないけれど、大きな決定が下された理由はわかった。セッションの最後には、警察官も社会福祉課のチームも、自分たちの仕事の波及効果を受けとめて、はるかに親身になっていた。女の子のほうも、初めて「話を聴いてもらえた」と感じた。

ツツ財団はまた、英国の国営医療サービス事業、「国民保健サービス（NHS）」で働く人たちが、職場で大変な状況を乗り越える支援もしている。医療は、多くの人が感情的になるテーマだ。誰もが治療のときには、一番無防備な状態に置かれるからだ。けれど、人の生死がかかった状況で、能力以上のサービスを求められたら、スタッフは、ストレスまみれの環境で働くことになってしまう。

ツツ財団のまとめ役《ファシリテーター》の傾聴スキルの訓練に使われた、あるケーススタディには、悲しみに暮れる家族が登場する。あるカップルには、重いぜんそくの発作に苦しむ息子がいる。ある日、その子が救急救命センターに運び込まれたのだが、看護師が別の緊急事態に気を取られたのと、機器に欠陥があったせいで、子どもに必要な酸素が補給されず、気の毒なことに、脳に障がいをきたしてしまった。

ひどく打ちのめされ、腹を立てた両親はNHSを相手取って裁判を起こした。両親が裁判に訴えた一番の動機は、ほかの親たちに二度と同じ苦しみを味わってほしくなかったからだ。

ところが、話し合いを続けるうちに明らかになったのは、この家族に賠償金を払えば、この病院の小児病棟で古い機器を新しいものに替える計画が遅れてしまうこと。両親は気がついた。訴訟に勝つことで、「ほかの子どもが、息子と同じ目に遭うのを防ぐ」という一番の目標がかなわなくなってしまうのだ。

ＮＨＳ傘下で病院を統括している「ＮＨＳトラスト」は、両親の思いに耳を傾け、両親もＮＨＳトラストの話に耳を傾けた。勇気ある両親は、つらい気持ちをひとまずおいて、「お金は小児病棟のために使ってほしい」という結論に達した。そこでＮＨＳトラストは、両親が病院を訪れ、改善された様子を見ることができるようにした。この結末はどちらにとっても、この痛ましい状況のもとでは最善のものとなった。そしてこのエピソードは、お互いの主張に耳を傾けることの大切さを示している。

たいていこうした状況では、理屈よりも感情が先走るものだ。調停者でありツツ財団の専門委員でもあった故ポール・ランドルフは、その状態を「扁桃体《へんとうたい》ハイジャック」と呼んでいた。つまり、感情を司る脳の「扁桃体」がハイジャックされて、「闘争・逃走反応」が活性化されてしまうのだ。両親が失望し、憤慨するのは当然のことだったけれど、お互いが相手の視点をよく理解したことで、この結論に至った。これは、積極的に耳を傾けて初めて、できたことだった。

耳を傾けたら、何が聞こえるだろう？

批判せずに耳を傾けることで、私たちは、たとえ深く傷つき、腹を立てていても、よりよい人生に向かって進歩することができる。エルダーズが設立されたとき、彼らは「耳を傾けることが、何よりも優先されるべきだ」と語っていた。そして設立以来ずっと、世界中を旅して、人々の話や、大事な問題に耳を傾けてきた。

エルダーズは、どんな状況においても、リーダーや要人に話をしてもらう前に、まず一般の人たちの意見を求めることにこだわっている。そもそも一般の人たちの思いを知らずに、一体どうやって人々が望む変化を後押しできるだろう？

ただし、積極的に耳を傾けても、相手の主張にうなずけないときは、つらいかもしれない。禅僧で平和活動家のティク・ナット・ハンは言う。「怒りで反応しても、よいものは何も生まれない」。けれど、耳を傾けて、自分の思いやりに気づいたら、さらによいエネルギーの場所から行動できる。人々に十分に問いかけ、「深く耳を傾ける」なら、対立も――戦争すらも――防ぐことができる、とティク・ナット・ハンは言う。

彼はさらに、ほかの人たちにこう声をかけてはどうか、とアドバイスしている。「あなたの悩みや、何に苦労しているかを話してくれませんか？　私は学びたいし、理解したくてたまらないのです」と。

ＴＲＣは、アパルトヘイト時代に犯罪に関わった人たちの証言を聞いたとき、深い傾聴の力を発揮した。証言の中には、有名な事件も数多く含まれていたけれど、私の母がとくに心を揺さぶられた証言は、ＴＲＣで語られたものではなかった。それはある人が、ＴＲＣの初期の証言に耳を傾けたあとに書いた、手紙だった。手紙の主は若い白人男性で、その手紙はのちに、ケープタウンで行われた公聴会で朗読された。

母は話してくれた。「その手紙の中で、彼は言っていたの。アパルトヘイト時代に行われた残虐行為を、自分はまったく知らなかった、って。警察に拘留されて亡くなった人がいたことも、いくつもの地域社会が強制的に立ち退かされたことも、バントゥー教育の恐ろしさも、その他もろもろのことも。そして、謝っていた。知らずにいることを自分が選んでいた、と気づいたから。彼は『耳を傾けないことを選んでいた』と言ってた。そして、ＴＲＣが耳を傾けさせてくれたことに感謝していた」

あなたも、自分が耳を傾けないことを選んだ、すべてのことを思い出してほしい。誰もが同じことをしている。私たちは時折、何かを伝えようとしている人から目をそらすことがある。自分に都合の悪い話だったり、「時間がない」と思い込んでいたり。それは、バタバタしていて子どもの話を適当に聞き流してしまうような、一見ささいなことかもしれないし、地球温暖化の壊滅的な影響についてのニュースを無視するような、大きなことかもしれない。

ウブントゥとは、今すぐ自分に影響がないように思えることにも、「もっと耳を傾けよう」と心に決めること。それがほかの人たちに及ぼす影響や、自分が暮らす世の中に及ぼす波及効果にも思いを馳せよう。耳を傾ける時間を取れば、心が満たされるだろう。知識が得られるし、話している相手に共感できるし、その人とのつながりもさらに感じられるようになる。

「話を聴いてもらえている」という安心感を広げる

人が話を聴いてもらえたときに味わう安心感は計り知れないほど大きいが、私たちの周りには、聴いてもらえない苦しみがあふれている。心の病、自死、自傷……こうした問題はすべて、口にできない悩みを背負っているせいで生まれている。「安心して話せない」「誰も耳を傾けてくれない」と感じているから、一人で苦しむのだろう。

慈善団体「サマリア人協会」は、「傾聴の力」を頼りに自殺を防ぐ活動をしている。彼らは24時間・年中無休で、話をしたい人たちのために電話サービスを行っている。サマリア人協会は1953年、英国人の牧師が設立し、地域社会に対して、「死にたい、と思っている人たちの話を聴こう」と訴えた。彼の教会に通う、14歳の少女が命を絶ったことがきっかけだった。その子は、性感染症にかかってしまったと悩んでいたが、実際には生理が始まっただけだった。

今日、サマリア人協会は「ＳＨＵＳＨ《シュシュ》」というキャンペーンを展開している。ＳＨＵＳＨが訴えている内容は、次の通りだ。

Show you care（「気にかけている」と伝えよう）

Have patience（忍耐強くなろう）

Use open questions（「はい」「いいえ」で答えられない質問をしよう）

Say it back（相手の答えを繰り返して言おう）

Have courage to help people understand the art of listening（勇気を出して、みんなに耳を傾けるコツを理解してもらおう）

耳を傾ける力は、ウブントゥのエッセンスだ。耳を傾けるのは、ほかの人たちに時間と関心を与えること。耳を傾ければ、相手は「話を聴いてもらえた」と感じ、「自分は大切な存在だ」とわかるだろう。

謙虚に心を開いて耳を傾ける――それさえできれば、私たちは、共によりよい人生を歩いていける。

「話を聴いてもらえない」と感じたときのことを思い出そう。

誰もが、そんな経験をしている。学校や職場や家庭で、自分の考えをわかってもらいたいのに、聞く耳を持ってもらえなかったことがあるはずだ。今度、「聴いてもらいたい」と思っている誰かの話を忙しくて聴けないときは、そのときの気持ちを思い出す努力をしよう。

少し時間を取って、相手が言っている意味を確認しよう。

私たちの物の見方は、自分自身の経験で曇っているから、偏っている場合がある。誰かが心を打ち明けてくれたときに、「ああ、そうだよね。言ってる意味、わかるよ！」と即座に思ったら、念のために少し時間を取って、本当にわかっているか確認しよう。相手の言ったことを要約して繰り返してみたり、単刀直入にこう尋ねてみてもよいだろう。「確認させてね。あなたが言っているのは、こういうこと？」と。そうすれば、相手も話をきちんと理解してもらえるし、あなたも自分の経験を相手に投影しなくてすむ。

誰もが、耳を傾ける余裕があるとは限らない。

時には、この事実を受け入れなくてはいけない。厳しい現実だけど、時には誰かとコミュニケーションを取るのをあきらめて、そばを離れなくてはならないときもある。それは気難しい元パートナーかもしれないし、怒りで頭がいっぱいの友人や、不満たらたらの同僚かもしれない。時には、どれほど善意から、どれほど一生懸命コミュニケーションを試みても、「今すぐには無理だ」と受け入れなくてはいけないこともある。また、いつでもトライできるのだから。

EPILOGUE

ウブントゥを人生に取り入れる
――「虹の国」からの14のレッスン

BRINGING UBUNTU INTO YOUR LIFE:
14 LESSONS FROM THE RAINBOW NATION

1．相手の中に「自分自身」を見いだそう。

目を開いて、周りの人たちの目をのぞき込もう。つながりを見いだそうとすれば、周りのあらゆる人の中に、自分自身がいるのがわかる。とくに、まさかと思うような人の中に。

2．強さは団結の中にある。

私たちはみんな、望みや願いを持っているけれど、目的地や目標に到達する一番たしかな方法は、周りの人たちと力を合わせることのようだ。探せば助けが見つかるし、同じことを夢見ている人たちにも出会えるだろう。孤立しているとき、私たちは本来の姿に逆らっている。人間は生まれながらに、共に生きるようにできているからだ。ほかの人たちからどんな助けが得られるか、探ってみよう。間違いなく、うれしい驚きが待っているはずだ。

3．「もし、この人だったら？」と考えよう。

意見が合わない人たちと、話をしよう。ほんの一瞬でいいから、想像してみてほしい。「この人はなぜこんなふうに考えるのだろう？」と。どんな出来事が自分と違う視点をはぐくんだのか、よく考えよう。そうすれば、どんな人でも、ほかの人の視点で人生を見ることができる。誰かの身になって考えるのは、気づまりなことかもしれないし、わくわくする体験になるかもしれない。どちらにしても、誰もがそこから得るものがある。

4．視野を広げよう。

自分の人生や周りの世界で何が起こっているのか、「俯瞰的な目で探求しよう」と決意するのは大事なことだ。心を開いて、あらゆる角度から問いかけてみよう。「私のやり方が気に入らないならあっちへ行って！」と言うのではなく、真実と理解を求めよう。出来事を狭い視野でとらえると、孤立して、偏った見方にとらわれ続けるだろう。人生のほとんどのことは白か黒かでは割り切れず、グレーなのだ、と理解しよう。どんなテーマについても「明確な意見を持たなくては」と考える必要はない。どんなときも広い心を持ち、成長と共に、意見を変えても構わないのだ。長い目で見れば、無知は幸せなことではない。気になることは、どんどん質問しよう。物事の複雑さを受け入れれば、さらに思いやりのある人間になれる。

5．自分もみんなも「かけがえのない人」だと考えよう。

自分自身に尊敬の念を抱くこと。それは、心の中ではぐくむべき大切な仕事だ。毎日少なくともひとつかふたつ、幸せな気分になることをしよう。運動する、友達に会う、瞑想する、少なくとも1食はおいしい食事をする……。身体と心は、どちらも等しく大切なものだ。それから、「ほかの人たちのことも、自分と同じように尊敬する」と決めよう。ほかの人たちの尊厳を大切にしない人は、自分自身の尊厳も大切にできないだろう。

6・すべての人に宿る「よいところ」を信じよう。

誰かのよいところを探せば、必ず見つかるし、その人が自信を持てるよう、励ますこともできる。批判しようと目を向ければ、気に入らないところが見つかるものだ。誰かのよいところを見つけたら、相手が自信を持てるよう励ましてあげられるし、その人のよいところがもっともっと目につくようになるだろう。人間は複雑な生き物かもしれないが、圧倒的大多数の人たちはいい人なのだ。生まれながらに、誰かを嫌いになるすべを知っている人間はいない。みんな、ほかの誰かに教わって知るのだ。だから今日は、周りを見回して、「みんなのよいところを見つけよう」と心に決めてほしい。あなたが出会う一人一人のよいところを。そうすることで、どれほど気分がよくなるかに気づいてほしい。目を向ければ向けるほど、相手のよいところが、簡単に見つかるようになることにも。

7・楽観ではなく希望を選ぼう。

希望に満ちていることは、愚かでも世間知らずなことでもない。その気質は、自分自身や周りの人たちへの素晴らしい贈り物だ。ウブントゥは言う。「どんな人の人生にも希望が必要だから、あなたから希望を広げていこう」と。どんな状況でも、ポジティブな結果を望むことを選ぼう。絶望感に襲われたら（誰だって時には襲われる！）、「今絶望しているな」と気づいて、気分転換の時間を取ろう。何があれば日々の生活を信頼できるようになるのか、考えてみよう。健康的な食事、親友のアドバイス、家訓、信仰……。それが何であれ、人生に希望をくれるものを大切にはぐくみ、その光をどんどん大きくしていこう！

8．つながる方法を探そう。

あなたが内気なタイプでも社交的なタイプでも関係ない。人は、一緒に豊かになるようにできているのだ。強い絆は、たくさんのお金や物よりもはるかに大きな喜びをくれる。毎日、自分とほかの人たちをつないでくれるものを探そう。たとえ何らかの理由で、今一人でいたとしても。つながりが断たれたら、悲しみがふくらむだろう。人は、ほかの人たちとのつながりを感じれば感じるほど、幸せを感じる。人に手を差し伸べる時間を取ることは、自分自身のためにも、みんなのためにもなるのだ。

9．「許しの力」を身につけよう。

口に出すか出さないかは別として、私たちはみんな、誰かや何かを恨んでいる。自分が恨んでいる相手を思い浮かべ、最終的にその気持ちをどんなふうに手放すのか、考えてみよう。許しは、自分の荷物も相手の荷物も軽くしてくれる。国全体が許し合えば、戦争を回避できる。家族が許し合えば、絆を修復できる。誰かや何かを許せば、おなかのあたりにじんわりと温かみを感じるだろう。みんなで許しの力を知らしめよう。過去の苦しみが徐々に消えていくのを感じたら、みんなで安堵《あんど》のため息をもらそう。許すことを選べば、人生は花開き、重荷は必ず消えてくれる。素晴らしい気分になること請け合いだ。

10. みんなの「違い」を受け入れよう。

人間という種には、一つ共通点がある。それは、みんなが違っていること。違いのおかげで、私たちはここまで進んでこられたのだが、同時にそれは、進歩の足を引っ張る危険もはらんでいる。だから今日は周りを見回して、どれほど多くの文化や才能や意見や経験で世の中ができているのかに目を向けてほしい。そして、すべてが均一で一色《ひといろ》だったら？と想像してみよう。批判を手放して、違いが持つ力を活用しよう。

11. 現実を認めよう──どんなにつらいものでも！

自分が今どこにいるのか、真実を受け入れなければ、目指している場所へとかじを取ることはできない。今起こっていることを100パーセント受け入れて初めて、明日をよりよい方向に変えていける。現実を無視したり隠そうとしたところで、問題は消えてはくれない。今日は、自分が今どこにいて、どこへ向かいたいのかに正直になろう。ほかの人たちから、旅のひらめきをもらおう。自分の現実をみんなに正直に話し、どんな助けがもらえるかに目を向けてみよう。

12．ユーモアにくるんで思いやりを示そう。

笑いの力ほど、人生にウブントゥを感じさせてくれるよい方法はない。ある状況にユーモアを見いだすのは素晴らしい才能で、私たちが毎日心がけるべきことだ。ユーモアは、自分自身にとっても周りの人たちにとっても、人生をさらに面白く、心地よく、魅力的なものにしてくれる。最悪のときに笑う力は、ほかの何よりも、すばやく心を照らしてくれる。誰もが経験するつらい時期に、笑うことを学ぶのは、すべての人に備わる秘密の力なのだ。

13．なぜ、小さなことが大きな変化をもたらすのか？

「こんな小さな行動で何かが変わるわけがない」と、つい考えてしまいがちだ。たしかにごくまれに、何も変わらないこともある……けれど、たいていの場合、何らかの変化を起こせる。自信を持ってほしい。あなたは大切な存在で、あなたが選ぶ生き方も、大きな意味を持っている。とくに自然環境に対しては、私たちの小さな行動の一つ一つが大きな変化につながる。また、よいふるまいをしているときや、「よい変化をもたらせている」という自覚があるときは、ほかの人たちに影響を及ぼせるし、自分に大いに自信が持てる。何度も使える水筒を使うことから、持続可能な方法で生産された肉《サステナブル・ミート》を買うことや、ゴミを片付けることに至るまで、世の中をよりよい場所にするために、今すぐできる小さなことは何千個もある。

14・「耳を傾けること」を学ぼう。

ウブントゥによると、よいコミュニケーションは、誰もが必要としている強い絆づくりの基本だ。私たちが出会うどんな人も、話を聴いてもらうことが好きだし、それを素晴らしいことだと思っている。今日から、積極的に耳を傾ける努力を始めよう。相手の言葉に心から耳を傾けさえすれば、誰もがもっと学べるし、もっと共感できる。批判することが減って、人として成長できる。深く耳を傾けることを選べば、どんな会話からも、もっと多くのことが伝わってくるだろう。心を開き、よく耳をすませば、自分自身の中にほかの人たちを見いだせるようになる。

＊　＊　＊

「人間とは複雑なものだ」と言えば、誰もがうなずくだろう。そして、人生も複雑だ！でも、ウブントゥは「あなたが陥っている状況の複雑さを無視してほしい」と言っているのではない。「なるべくウブントゥを活用してほしい」とお願いしているのだ。

自分の世界にウブントゥがあれば、毎日が新たな1日となり、新たなスタートが切れる。進歩は必ずしも一直線ではないから、失敗する日もあるだろう。それでも、私たちはみんな、失敗のつらさを乗り越えられる。いつまでも後悔の痛みが消えないのは、「ベストを尽くさなかった」「全力でやらなかった」という思いが残るからだ。でも、自分に対する思いやりを実践すれば、もっとずっと楽にウブントゥを人生に取り入れられるだろう。

『Everyday Ubuntu』を書くのは、とても楽しかった。たくさんの素晴らしい人たちが物語を分かち合ってくださったおかげで、こうして形にすることができた。ウブントゥが、私の人生を豊かにしてくれたように、あなたの人生にも、目的と満足感をもたらしてくれますように。そして、本書に登場する人々の中に、みなさんが自分自身を見いだして、笑顔になりますように。

参加してくださって、ありがとう。

注釈

レッスン1

P32：２００６年5月24日、マンデラは、南アフリカ人ジャーナリスト、ティム・モディセのテレビ・インタビューに答え、ウブントゥをどのように理解しているかを説明した。このときの様子は、次のサイトで視聴できる。［www.youtube.com/watch?v=ODQ4WiDsEBQ］

レッスン2

P41：２０１２年、心理科学者キャメロン・アンダーソンとカリフォルニア大学バークレー校の同僚たちは、複数の調査結果を考察し、「社会経済的地位は、さらなる幸福感を約束するものではない」と結論づけた。［Anderson, C., Kraus, M. W., Galinsky, A. D. and Keltner, D., 'The Local-ladder Effect: Social Status and Subjective Well-being', *Psychological Science*, 20(10), (2012), 1–8］

サンフランシスコ湾岸地帯《ベイエリア》で実施された２０１２年の調査によると、高級車に分類される車のほうが違反をしやすいことがわかった。この調査を実施したのは、当時カリフォルニア大学バークレー校・パーソナリティ社会研究所（The Institute of Personality and Social Research）の研究者だったポール・K・ピフ。［Piff, P. K. et al., 'Higher Social Class Predicts Increased Unethical Behavior', *Proceedings of the National Academy of Sciences*, 109, 2012, 4086–91］

P42：アメリカのブリガムヤング大学の研究者、ジュリアン・ホルトランスタッドが執筆した、同大学が実施した２０１５年の調査結果が『Perspectives on Psychological Science』誌に掲載された。それによると、孤独感は死亡リスクを26パーセント高め、社会的孤立は29パーセント、一人暮らしは32パーセント高めることが判明した。［Holt-Lunstad, J., 'Loneliness and Social Isolation as Risk Factors for Mortality: A Meta-analytic Review', *Perspectives on Psychological Science*, 10(2), (2015), 227–37］

レッスン4

P76：「ティアファンド」はキリスト教系の救援・開発団体で、「災害緊急事態委員会(Disasters Emergency Committee)」の一員である。１９６８年に設立されたこの慈善団体は、半世紀以上にわたって世界中で活動し、災害への対応や、コミュニティを貧困から救う支援を行っている。ティアファンドの活動についてのさらに詳しい情報は、次のサイトを参照のこと。［www.tearfund.org］

P77：ロンドン大学ユニヴァーシティ・カレッジの実験心理学准教授、ラサーナ・ハリス博士は、「傍観者効果」と「人間の脳が他人を人間扱いしないしくみをいかに神経科学で説明できるか」についての研究を行った。［Harris, L. T. and Fiske, S. T., 'Dehumanizing the Lowest of the Low: Neuroimaging Responses to Extreme Out-groups' in Fiske, S. T., *Social Cognition: Selected Works of Susan T. Fiske* (Routledge, 2018)］

P79：スタンフォード大学の心理学者キャロル・ドゥエックは、30年以上にわたって、さまざまな生徒たちの学習能力と、小さな失敗に押しつぶされてしまう子もいれば、立ち直る子もいる事象に興味をそそられている。ドゥエックのチームは、何千人もの生徒たちの行動を研究し、画期的な「マインドセット」理論を構築した。［Dweck, C. S., *Mindset* (revised edn, Little, Brown, 2017)］

レッスン5

P88：WHOは、「栄養不良は、人間の生命に対する最大の脅威の一つだ」と考えている。栄養不良と増大しつつある肥満の問題は、今日、とくに途上国の人々にとっては、二重の負担となっている。[www.who.int/nutrition/challenges/en/]

P90：個人主義についての共同研究において、執筆者たちは、78ヵ国における51年分に相当する個人主義的な行動と価値観の詳細なデータを分析することができた。データは各国の国勢調査から得たもので、全体的な結果からは、明確なパターンが示された。個人主義的な行動も価値観も、全世界で時間と共に増大していた。[Santos, H. C., Varnum, M. E. W., and Grossmann, I., 'Global Increases in Individualism', *Psychological Science*, 28(9), 2017, 1228–39]

P95：２０１５年６月、シエラレオネでエボラのまん延を止めた「カトリック海外開発基金（ＣＡＦＯＤ）」の取り組みが評価された。国際ＮＧＯ「ワールド・ビジョン」が率いる「ＳＭＡＲＴ共同事業体《コンソーシアム》」――ウィルスに対処する、信仰に基づく組織の同盟――の一員として、ＣＡＦＯＤが、名誉ある「ＢＯＮＤ国際人道賞（BOND International Humanitarian Award）」を受賞したのだ。ＣＡＦＯＤが訓練と装備を提供したおかげで、埋葬の従事者たちは、シエラレオネ全土でエボラの犠牲者を、安全に尊厳を持って埋葬することができた。[www.cafod.org.uk/News/Press-centre/Press-releases/Ebola-burial-teams-honoured]

P96：「安楽死」についての祖父の説得力のある言葉は、『ガーディアン』紙（２０１４年７月12日号）に掲載された。[www.theguardian.com/commentisfree/2014/jul/12/desmond-tutu-in-favour-of-assisted-dying]

レッスン6

P109：アニュプルバ・サハの心温まる物語と、彼女の最新型の義足についてのさらに詳しい情報は、次のサイトを参照のこと。［www.bbc.com/news/av/uk-39797685/seven-year-old-returns-to-school-with-prosthetic-aid］

P113：クリスト・ブランドの物語は、『オブザーバー』紙（２００７年5月20日号）にアンドリュー・メルドラムが執筆した記事で紹介された。［www.theguardian.com/world/2007/may/20/nelsonmandela］

P115：「脳幹網様体賦活系《のうかんもうようたいふかつけい》（ＲＡＳ）」についてのさらに詳しい情報は、次のサイトを参照のこと。［www.psychologydiscussion.net/brain/functions-of-reticular-activating-system-ras-brain-neurology/2893］

レッスン7

P126：マグナス＆ファーガス・マクファーレン＝バロー兄弟が設立した公認慈善団体「マリアの食事(Mary's Meals)」は、正式には「スコットランド国際援助(Scottish International Relief)」という名で知られ、世界で最も貧しいコミュニティの一部で、給食プログラムを立ち上げている［www.marysmeals.org.uk］。「スコットランド・マラウイ・パートナーシップ(Scotland Malawi Partnership/ＳＭＰ)」は、「マリアの食事」と活動を共にする統括団体だ。ＳＭＰは、スコットランドの多くの市民とマラウイとのつながりを調整し、支援し、代表する団体で、マラウイと積極的なつながりを持つ10万９０００人のスコットランドのコミュニティを統括している。このコミュニティとマラウイとのつながりは、探検家のデイヴィッド・リヴィングストン博士がかの地を旅した１６０年ほど前にさかのぼる。スコットランド人の約44パーセントが、マラウイとつながりを持つ友人や家族の名前を挙げられる。これは世界で最も強い南北の、人と人とのつながりの一つである。

P128：ヴァレリー・マホルムズ博士は、1992～2005年まで「イェール小児研究センター（Yale Child Study Center）」に勤務し、現在は「アメリカ国立小児保健・人間発達研究所（NICHD）」の「小児外傷・重症疾患部門（Paediatric Trauma and Critical Illness Branch）」の責任者を務めている。博士は著書『Fostering Resilience and Well-being in Children and Families in Poverty: Why Hope Still Matters』（オックスフォード大学出版局／2014年）の中で、希望に関する研究や、楽観主義を培う方法について議論している。［www.apa.org/monitor/2014/11/hope］

P130：2015年、アンソニー・レイ・ヒントンの有罪判決が覆されたとき、彼は自分に起こった物語を執筆し、その内容は『奇妙な死刑囚』（邦訳：海と月社）として出版された。

P131：弁護士ブライアン・スティーヴンソンは、自らが弁護してきた人々についてつづった著書、『黒い司法――黒人死刑大国アメリカの冤罪と闘う』（邦訳：亜紀書房）の中で、不利な状況で希望を持つことの大切さを説いている。

レッスン8

P142：2013年、スウェーデンのイェーテボリ大学の研究者たちは、合唱団で歌っている人たちの心拍が同調することを明らかにした。研究結果によると、声をそろえて歌うと、人々の心臓の鼓動は同じペースで速くなったり、遅くなったりし始めた。［Vickhoff, B. et al., 'Music Structure Determines Heart Rate Variability of Singers,' *Frontiers in Psychology*, 4, 2013, 334; www.bbc.co.uk/news/science-environment-23230411］

P142：2000年、カリフォルニア大学アーヴァイン校の研究者たちが、合唱団で歌っている人たちの唾液サンプルを集め、免疫反応を調べたところ、ストレスホルモンの「コルチゾール」が減少し、「免疫グロブリンA」

という抗体（訳注：体内に入った異物の抗原と結合し、異物を排除するよう働くタンパク質）が増加していることがわかった。［Beck, R. J. et al., ‘Choral Singing, Performance Perception, and Immune System Changes in Salivary Immunoglobulin A and Cortisol’, *Music Perception: An Interdisciplinary Journal*, 18(1), 2000, 87–106］

P142：「メロディック・イントネーション療法（ＭＩＴ）」は、ハーバード大学医学大学院で、脳卒中による言語障がいをわずらう12人の患者に行われた研究のテーマだった。患者は簡単な歌詞を歌うよう教えられ、言語能力が高まるにつれて、徐々に普通の話し言葉へと導かれた。その結果、脳は「配線し直す」ことができるとわかった。（言語を司る）左脳を損傷した患者が、（歌唱を司る）右脳を使うことを学んでいったからだ。［Norton, A. et al., ‘Melodic Intonation Therapy: Shared Insights on How It Is Done and Why It Might Help’, *Annals of the New York Academy of Sciences*, 1169, 2009, 431–6］

脳卒中の患者への音楽療法に関するさらに詳しい情報は、次のサイトを参照のこと。

［www.saga.co.uk/magazine/health-wellbeing/treatments/complementary-therapies/health-music-therapy］

P142：オックスフォード大学実験心理学部が行った２０１２年の調査によると、「歌う、踊る、ドラムをたたく、といった活動はすべて、エンドルフィンの分泌を引き起こす（活動後に痛みに対する耐性が高まることで示された）が、ただ音楽を聴くなど、低エネルギーの音楽活動では、分泌を引き起こさない」ことがわかった。［Dunbar, R. I., Kaskatis, K., MacDonald, I. and Barra, V., ‘Performance of Music Elevates Pain Threshold and Positive Affect: Implications for the Evolutionary Function of Music’, *Evolutionary Psychology*, 10(4), 2012, 688–702］

P143：さまざまな調査で明らかになったことは、集団への帰属意識（その社会集団に対する身内意識やメンバーとの共通感覚）が、人生への高い満足感と結びついていることだ。［Wakefield, J. R. H., Sani, F., Madhok, V. et al., 'The Relationship Between Group Identification and Satisfaction with Life in a Cross-cultural Community Sample', *Happiness Studies*, 18, 2017, 785］

P143：ケンタッキー州のマーレイ州立大学スポーツ心理学教授、ダニエル・ワンは、『Sport Fans: The Psychology and Social Impact of Spectators』（ラウトレッジ／２００１年）という書籍の著者である。ワンの研究プログラムは、スポーツファンの心理と、ファンの人生におけるスポーツの役割に重点を置き、次のような複数の調査を含んでいた。［'Testing the Team Identification Social-Psychological Health Model: Mediational Relationships Among Team Identification, Sport Fandom, Sense of Belonging, and Meaning in Life', *Group Dynamics: Theory, Research, and Practice*, 21(2), 2017, 94–107］

P143：アラン・プリングル博士は、ノッティンガム大学で精神保健看護を専門としているが、次のような発言をしたとされる。「サッカーは家族に、ほかのどんなテーマにもできない形で、お互いを結びつける『共通通貨』を与える」。プリングル博士の言葉は、次の記事に掲載された。［'How Being a Sports Fan Makes You Happier and Healthier' (*Huffington Post*, 30 January 2015)］

P148：よく引用される環境心理学者ロジャー・ウルリッヒの１９８４年の調査は、現代の医学研究の基準――厳密な実験制御や正確に測定された健康成果――を用いて、「庭を眺めることが手術や感染症やさまざまな病気からの回復を早める可能性がある」と証明した、初めての調査となった。ウルリッヒのチームは、ペンシルベニア州郊外の病院で胆のう手術から回復中の患者のカルテを考察した。ほかのすべてのことは同じ条件で、ベッドサイドの窓から葉の生い茂る木々を眺めていた患者たちは、レンガの壁を見ていた患者たちよりも、平均して１日早く回復し、鎮痛剤を求めることがかなり少なく、術後の合併症も少なかった。［Ulrich, R. S.,

'View Through a Window May Influence Recovery from Surgery', *Science*, 224(4647), 1984, 420–1］

約10年後の１９９３年、ウルリッヒとスウェーデンのウプサラ大学病院の同僚たちは、心臓手術を受けて集中治療室にいる１６０人の患者を、無作為に次の6つの条件――「窓からの景色」を模した大きな自然の写真（河岸に並木のある小川、もしくは薄暗い森の風景）、2枚の抽象画のどちらか、白いパネル、殺風景な壁）――のいずれかに割り当てた。のちに確認されたのは、小川と並木の風景を眺めていた患者たちは、薄暗い森の写真や抽象画や殺風景な壁やパネルを見ていた患者たちに比べて、不安が少なく、痛み止めをあまり必要としなかったことだ。［Ulrich, R. S., Lunden, O. and Eltinge, J. L., 'Effects of Exposure to Nature and Abstract Pictures on Patients Recovering from Heart Surgery', Society for Psychophysiological Research, 33rd Annual Meeting, Rottach-Egern, Germany, 30, 1993, S1–S7］

P149：「Food Growing in Schools（学校での食物栽培）」プロジェクトチームの報告書は、２０１２年3月に発表された。このプロジェクトは、慈善団体「ガーデン・オーガニック」が主体となり、モリソンズ・スーパーマーケット、英国森林委員会、王立園芸協会など25の会員の協力のもとで、王立内科医師会(Royal College of Physicians)の「公衆衛生部会（Faculty of Public Health）」の支援を受けて行われた。

［https://betterhealthforall.org/2012/04/03/why-children-benefit-from-growing-their-own-food/］

レッスン9

P164：許しは心を明るくしてくれるだけでなく、健康にもよい。アイオワ州のルーサー大学とカリフォルニア大学バークレー校の研究は、「より寛大な対処様式を身に着けることで、ストレスにまつわる不調を最小限に抑えられる可能性がある」と示している。この研究の執筆者であるルーサー大学の心理学准教授、ローレン・トゥーサンは、極めて寛大な姿勢が、ストレスと病気のつながりを消すことを発見した。［Toussaint, L., Shields, G. S., Dorn, G. and Slavich, G. M., 'Effects of Lifetime Stress Exposure on Mental and Physical

Health in Young Adulthood: How Stress Degrades and Forgiveness Protects Health', *Journal of Health Psychology*, 21(6), 2016, 1004–14］

P164：複数の調査によると、PTSDによるトラウマを抱えた人が（加害者に責任がある場合に）、加害者を許すことを学べば、症状によい影響を及ぼせる。［Cerci, D., and Colucci, E., 'Forgiveness in PTSD After Man-made Traumatic Events: A Systematic Review', *Traumatology*, 24(1), (2018), 47–54］

P165：クリストフ・ムボンインガボは、救援組織「ティアファンド」のプログラムが養成した「Inspired Individuals（志の高い個人）」の一人だ。このプログラム（Inspired Individuals）の目的は、「キリストのように生きたい」という志を持つ新たなリーダーを見つけ、必要なものを与え、必要な人たちに紹介し、彼らの素晴らしいミッションの効果をさらに高める支援をすることだ。「志の高い個人」の取り組みは、汚職に立ち向かう、違法売買や売春をやめさせる、対立している人々を和解させる、ストリートチルドレンに希望を与えるなど、多岐にわたっている。［www.tearfund.org/en/inspired_individuals］

レッスン10

P179：王立公衆衛生協会が、ポルトガルの芸術・科学・教育などに助成を行う「カルースト・グルベンキアン財団」と協力して発表した2018年の報告書は、英国全土における年齢差別の広がりと、誰もが年を取る中で、差別的な姿勢が社会のすべての人の健康と幸福をいかに害しているかを明らかにした。［www.rsph.org.uk/about-us/news/a-quarter-of-millennials-believe-depression-normal-in-older-age.html］

P180：「人は、ほかの人が傷つけられているのを見ると——まったく知らない人だとしても——自分自身が傷つけられているかのように、脳の同じ部分が活性化される」と明らかにした研究についてのさらに詳しい情報は、次のサイトを参照のこと。
［www.psychologicalscience.org/observer/i-feel-your-pain-the-neuroscience-of-empathy］

P186：エレノア・ライリーの公認慈善団体「Made With Hope」についてのさらに詳しい情報は、次のサイトを参照のこと。［www.madewithhope.org］

レッスン12

P215：「人間は進化して笑えるようになった」と示す研究は、大阪大学大学院・医学系研究科・精神医学教室が行った。［Takeda, M. et al., 'Laughter and Humor as Complementary and Alternative Medicines for Dementia Patients', *BMC Complementary and Alternative Medicine*, 10, 2010, 28; http://mentalfloss.com/article/539632/scientific-benefits-having-laugh］

P219：ユーモアのセンスは、人を健康に保ち、定年後まで生きる確率を上げてくれるが、70歳を超えると、ユーモアの健康効果は減少する――これは、ノルウェー科学技術大学（ＮＴＮＵ）の研究者たちが明らかにしたことだ。

２０２０年に発表されたこの研究は、『International Journal of Psychiatry in Medicine』誌に掲載されているが、５万３５００人を7年後に追跡調査した記録の考察である。この研究は、「ＨＵＮＴ２」こと「第2次ヌール・トロンデラーグ健康調査」の包括的なデータベースに基づいている。ＨＵＮＴ2は、ノルウェー中部のヌール・トロンデラーグ県在住の7万人以上の人たちから、１９９５～１９９７年に集めた既往歴や血液サンプルで構成されている。［Svebak, S., Romundstad, S.and Holmen, J., 'A 7-year Prospective Study of Sense of Humor and Mortality in an Adult County Population: The HUNT-2 Study', *International Journal of Psychiatry in Medicine*, 40(2), 2010, 125–46］

レッスン13

P231：「UKギビング」は、英国の慈善活動に関する最大の調査である。最新の報告書では、英国全土の1万2000人以上にインタビューを実施しているため、慈善活動のパターンについて、これまで以上に詳しく知ることができる。［www.cafonline.org/about-us/publications/2018-publications/uk-giving-report-2018; www.neoncrm.com/10-year-end-giving-statistics-every-fundraiser-should-know; https://nonprofitssource.com/online-giving-statistics/#Online］

P232：「ほかの人たちの微笑みを見ることで、いかに自分の微笑みを抑制しなくなるか」を詳しく調査した、スウェーデンのウプサラ大学の研究者たちは、次のような発見をした。「表情がフィードバックされて、その表情に合う感情が引き起こされるという『表情フィードバック仮説』によると、顔の筋肉は感情を表現するだけでなく、感情という主観的な体験を調整し、感情を引き起こす力を持っている」。［Dimberg, U., and Söderkvist, S. J., 'The Voluntary Facial Action Technique: A Method to Test the Facial Feedback Hypothesis', *Journal of Nonverbal Behavior*, 35, 2011, 17］

P234：一人称単数代名詞の使用と心の健康問題との相関関係を示した2013年の調査に関するさらに詳しい情報は、次のサイトを参照のこと。

［www.thisisreallyinteresting.com/talking-a-lot-about-yourself-a-sign-of-distress. Zimmermann, J., Wolf, M., Bock, A., Peham, D. and Benecke, C., 'The Way We Refer to Ourselves Reflects How We Relate to Others: Associations Between First-person Pronoun Use and Interpersonal Problems', *Journal of Research in Personality*, 47(3), 2013, 218–25］

謝辞

まずは、母のナオミに感謝したい。母はどんなときも、私が自分自身を信じられないときでさえ、私を信頼してくれる。私は今も何かと母の指導を求めてしまうが、今回の執筆も例外ではなかった。ひっきりなしの電話やメールで「編集を手伝って」とせがまれる日々から解放されて、母はホッとするに違いないけれど、母がいてくれなかったら、一人で書き上げることはできなかっただろう。私はとても幸運な娘です。ありがとう。

また、パートナーのエドがいてくれなかったら、何一つ形にならなかっただろう。エドは母と並んで、私のチアリーダーを務めてくれて、この旅の間中、精神的にも経済的にも快く支えてくれた。一度も愚痴をこぼしたり、私への信頼を失ったりもしなかった。そんなあなたでいてくれてありがとう。私は毎日、あなたから教わっています。

祖父《おじいちゃん》へ。時々あなたをからかう孫娘のために、序文を書いてくれてありがとう。

この本を書くにあたって、山ほどお世話になったシャノン・カイルにも、心からの果てしない感謝を贈ります。今はあなたの本を心待ちにしています。

　この本のアイデアをいちかばちかで私にくれた、トランスワールド社の編集担当者であるアンドリア・ヘンリーへ。ありがとう。あなたがいてくれなかったら、私たちの誰一人として、今ここにはいない。あなたのひらめきと思いやりのある人柄に感謝しています。編集者の大当たりを引いた気分よ。

　私のエージェントであるピアーズ・ブロフェルドへ。ありとあらゆる質問を抱えた若くて未熟な著者に、辛抱強くつき合ってくれて、どんなときも単刀直入に話をしてくれて、ありがとう。

　リン・フランクリンへ。文学の世界から遠ざかっていたのに、祖父が本を書いていた頃にしていただいたような支援と指導をくださり、メールやメッセージやお電話をくださってありがとう。

　私の原稿整理編集者《コピーエディター》であるレベッカ・ライトへ。どうすればそんなことができるのかはわからないけれど、あなたがかけてくれる魔法に感謝している。

　トランスワールド社のアン・カトリン・ザイザー、ジョシュ・クロズリー、ヘレン・エドワーズへ。私の意見を守ってくれてありがとう。それから、トランスワールド・チームのほかのみなさん、とくに、広報のハナ・ブライト、マーケティングのアリス・マーフィ、表紙のイラストをデザインしてくれたマリアン・イッサ・エルコーリーへ。みなさんの激務に心から感謝しています。

また、素晴らしいページデザインをしてくれたハンプトン社にも感謝を伝えたい。マーシャとランディへ。いろいろな、ありとあらゆる編集を快くこなしてくれてありがとう。それから、作家のロバート・ピアにも感謝したい。あなたは最初に、言葉や思いを文章で表現するコツを教えてくれました。

南アフリカとアメリカと英国にいる友人たちと家族へ。私の宣伝を担当してくれてありがとう。それに、私が必要としているときに、ひそかに写真家として活動してくれたマギー・コナー・フィンとマリアナ・ウィーヴァーにも、感謝している。

そして、クライヴ・コンウェイと英国のツツ財団にも感謝を捧げたい。祖父の名前でこれほど素晴らしい活動をしてくださり、それを本書で紹介させてくださってありがとう。ジョセフ・ダンカンとユース・フューチャーズにも感謝したい。

最後に、インタビューに答えてくださったすべての方へ。お名前やお話が文字になったものは、予想と違っていたかもしれませんが、あなたの物語を分かち合ってくださって、ありがとう。

お名前を出して感謝できなかった方々に、おわびいたします。この本をつくるためにご尽力くださったことに、私が感謝していることを知っていただけますように。

訳者あとがき

みなさんは本書を手に取る前に、「ウブントゥ」という言葉を見聞きしたことがありましたか？　私は何度か遭遇し、そのたびにネットで検索してみたけれど、「ウブントゥ」という名のＯＳ（コンピューターの基本ソフトウェア）の説明が出てくるばかり……。この〝アフリカから世界への最高の贈り物〟は、デズモンド・ツツ大主教がおっしゃる通り、世界の人たちに（もちろん日本の人たちにも）よく知られていないのです。

けれど、この小さな言葉は、とてつもなく大きな力を秘めています。何しろ南アフリカで40年以上も続いたアパルトヘイトに対する抗議運動の指針となって、デズモンド・ツツ大主教やネルソン・マンデラを支え、アパルトヘイトを崩壊に導く力になったのですから。このたった5文字の言葉には、アフリカ南部で広く共有されている深い哲学がぎゅっと詰まっているのです。

今回この本を通して、未知なるウブントゥの世界へといざなってくれたのは、ツツ大主教の孫で人権活動家のムンギ・エンゴマニ。ムンギは、人々が日々ウブントゥを実践するコミュニティで育ち、今もウブントゥを指針に暮らしています。右手首にタトゥーを刻むほどこの言葉を大切にする彼女ほど、ウブントゥのナビゲーターにふさわしい人物はいないでしょう。

残念ながら（というより当然ながら）、この言葉をひと言で表す英語も日本語もありません。そこでムンギは、ウブントゥの教えを14のレッスンにまとめ、私たちが人生に取り入れやすい、実践的な本にしてくれました。ムンギによると、ウブントゥの核となる考え方は、「あなたがいてくれるから、私がいる」「人は、ほかの人たちを通して人になる」。つまり、自分が存在するのはほかの人たちのおかげであり、ほかの人たちとのつながりが自分をつくってくれている、という意味です。

その前提にあるのは、「すべての人には、計り知れないほどの価値がある」という考え方。「そこを押さえていれば、もめごとや争いには至らず、たいていのことは話し合いで解決できます」と、インタビューでムンギは語っています。

本書の中でも、「レッテルの内側を見よう」と彼女は説いています。「あの人はこういう人」「あの国はこういう国」……と私たちはついレッテルを貼りがちですが、ひと皮むけばみんな同じ人間なのです。

「何だそんなことなら知っている」「そんなことなら知っている」と思う人もいるでしょう。〝反アパルトヘイト運動の指針〟と聞くと、途方もなく画期的な考え方かと思ってしまいます。ところが、「相手の身になって考えよう」「相手の話に耳を傾けよう」といった14のレッスンはいずれも、昔どこかで学んだ覚えがあるものばかり。でも、「本当にできている?」と自問してみると、私はできていないことだらけでした。これは、「知っているけれどやれていない大切なこと」を、改めて思い出させてくれる本なのです。

ただし、「言うは易く行うは難し」。嫌いな誰かの身になって考えるのは相当難しいことだし、ひどいことをした相手のよいところを信じるなんて、お金をもらってもできないことかもしれません。それでもムンギは、具体的な事例を紹介し、「じゃあ、私もやってみようか」という気持ちにさせてくれます。

娘を殺した青年たちを許した母親、自分を刺した相手の境遇を思いやる少年、家族を殺した隣人と仲直りした人……。

壮絶な物語を読んでいくうちに、許せない相手に対する怒りが薄れ、狭くなっていた視野が少しずつ広がってくるかもしれません。

ところで、周りの人たちを大切にしようと説くウブントゥは、「自分よりほかの人たちを優先しなさい」と主張しているのでしょうか？　答えはノー。「私が」「私が」と常に自分を最優先する姿勢を戒めてはいるけれど、「まずは自分自身を大切に」というのがウブントゥの考え方です。計り知れないほど価値のあるすべての人の中には、当然、自分自身も含まれているのです。「空っぽのポットからは何も注げない」「飛行機の緊急事態には、まずは自分に酸素マスクを」という言葉には、味方を得た思いがします。

まずは自分自身に必要なものを与え、自分を幸せにしてから、その光で周りを照らせばいいんだ、とホッとひと息つくことができるでしょう。ウブントゥは、自分も周りも幸せにする哲学なのです。

考えてみたら、「まず自分を大切に」なんて教わったことがあったでしょうか？

私自身は、人生最初に学んだ教訓は「人に迷惑をかけるな」「自分のことは自分でしなさい」だったように思います。育った環境にもよるのでしょうが、多くの日本人が「最初にそれを学んだ」と答えるような気がします。それも周りの人たちを気遣う素晴らしい教えだとは思うのですが、どこまでも自分に厳しく、どんなときも周りを優先する人ができあがってしまいそうです。

ムンギはこうも言っています。

「ほかの人に助けを求めるのはこの世で一番難しいことかもしれない」

「プライドや自己肯定感の低さから、何の問題もないふりをしてしまいがちだ」と。

日本人の場合は、そこに遠慮も加わりそう。

最近は「自己責任」という言葉がまん延し、仕事を失っても、犯罪に巻き込まれても、果ては病気になっただけでも、責められたり突き放されたりする事例があとを絶たなくなっています。このままでは困ったときに助け合える、子どもたちに残したい社会ではなくなってしまうかもしれません。日本でも「ウブントゥ」という言葉を知る人が一人でも増えて、「困ったときはお互いさま」「持ちつ持たれつ」のような言葉が今より多く使われる世の中にシフトしていくことを、私は今、ひそかに夢見ています。


さて、この本を翻訳している間に、日本だけでなく世界の風景ががらりと変わりました。今年に入って流行しだしたコロナウィルスによって、人々が家から出られず、親しい人たちとも会えない生活を強いられているのです。

そんな中、本書でも紹介された「ＢＬＭ（ブラック・ライヴズ・マター）運動」に、新たな展開が見られました。５月にミネソタ州で黒人のジョージ・フロイドさんが白人の警官に殺害されるという悲劇がまたしても起こってしまい、事件の動画がＳＮＳで拡散されて、抗議の声が世界中に広がったのです。外に出られない人たちもＳＮＳでつながり合い、人種差別と警察の暴力に怒りの声を上げました。そして、コロナウイルスが大流行している最中《さなか》にもかかわらず、世界各地でデモが行われ、日本でも数千人がマスクをして抗議運動に参加しました。

そんな動きに対して、「マーティン・ルーサー・キング・ジュニアのあのスピーチから、もうすぐ60年だよ。人種差別は一向になくならないじゃないか」という冷めた声も聞かれました。

では、何をしても無駄なのでしょうか?

社会を変えることはできないのでしょうか?

その答えは、あのアフリカのことわざにあるように思います。そう、「『自分のようなちっぽけな者に、大したことなどできるわけがない』と思っている人は、蚊と一夜を共にしたことがない」。

毎年蚊に悩まされる私たちには、説得力に満ちた言葉です。その上、いくらちっぽけでも、蚊に比べたら私たちは、けた外れな能力を持つ巨人のような存在で、しかも団結することができます。あの堅牢に見えたアパルトヘイトを崩壊させた、虹の国がよい例ではないでしょうか。

「束ねた枝は折れない」というタンザニアのことわざは、真実を語っているのです。「無関心は民主主義をつぶし、人々の権利をむしばむ」このムンギの言葉を、しっかりとかみしめたいところです。

この本を訳して、幸せについて、改めて思いをめぐらす機会を得ました。欧米では、自分の力で富と名声を得て、成功者になることが幸せだとされています。欧米の影響を強く受けている日本でも、そうした価値観が主流かもしれません。でも、その道を選んだ場合は、何かを達成しても、またさらに上を目指すことになって、結局満たされることはないように思います。

一方、ウブントゥは、人は人を通して心が満たされ、人生に満足できる、と教えています。「周りの人たちに手を差し伸べれば、相手を通して、自分が求めてやまない安らぎや満足感や一体感が得られる」と。

どちらを選ぶこともできるし、どちらを選んでもいいのだけれど、世界が先の見えない未曾有の状態にある今は、周りの人を——とくに、自分と立場の違う人たちを——思いやる必要性が、かつてないほど高まっています。ウブントゥの14のツールキットを使って、自分と周りを幸せにし、世界をよりよい場所に変えていく「ウブントゥのある人」が、日本にも増えていくことを願っています。

最後に、この素晴らしい本を翻訳するにあたって、温かくサポートしてくださったパンローリングの庄司佳世さん、フリーランス編集者の青木由美子さんに、心よりお礼を申し上げます。

長澤あかね

2020年7月

■著者紹介

ムンギ・エンゴマニ（Mungi Ngomane）

反アパルトヘイト活動によってノーベル平和賞を受賞した人権活動家にして神学者であるデズモンド・ツツ大主教の孫。家族の“影響”というより、「すべての人に正義と尊厳をもたらしたい」という“遺伝子”に導かれ、人権問題に関心を持つ。現在は「ウブントゥ」を理想に掲げる英国ツツ財団の青年部パトロンを務めている。中東紛争の解決、女性の権利の向上、パレスチナ人解放、難民保護のために尽力、世界の主要なNGO団体にも協力。米国における反イスラム主義を覆すために、「数限りない会話によって分断を超越し、共通の価値観を持つことでアメリカ人をつなげる」というキャンペーン、“MILLIONS OF CONVERSATIONS”ではコーディネーターを務めた。一番の夢と情熱は、「世界中の女の子が基本的な人権を持つ」こと。ロンドン大学・東洋アフリカ研究学院（SOAS）国際研究・外交センターで修士号を取得。現在は米国在住。

■訳者紹介

長澤あかね（ながさわ・あかね）

奈良県生まれ。横浜在住。関西学院大学社会学部卒業。広告会社に勤務したのち、通訳を経て翻訳者に。訳書に『Advanced Love――上級者カップルの愛とファッション』（大和書房）、『メンタルが強い人がやめた13の習慣』（講談社）、『マルチ・ポテンシャライト――好きなことを次々と仕事にして、一生食っていく方法』（PHP研究所）などがある。

校正：乙部美帆

2020年10月３日 初版第１刷発行

フェニックスシリーズ113

ウブントゥ

――自分も人も幸せにする「アフリカ流14の知恵」

著　者　ムンギ・エンゴマニ
訳　者　長澤あかね
発行者　後藤康徳
発行所　パンローリング株式会社
〒160-0023　東京都新宿区西新宿7-9-18　6階
TEL 03-5386-7391　FAX 03-5386-7393
http://www.panrolling.com/
E-mail　info@panrolling.com
装　丁　パンローリング装丁室
印刷･製本　株式会社シナノ

ISBN978-4-7759-4238-3